다이달로스의
몰락

다이달로스의 몰락

1판 1쇄 발행 2025년 9월 10일

지은이 한재훈

교정 주현강　**편집** 유주은　**마케팅·지원** 이창민

펴낸곳 (주)하움출판사　**펴낸이** 문현광

이메일 haum1000@naver.com　**홈페이지** haum.kr
블로그 blog.naver.com/haum1000　**인스타그램** @haum1007

ISBN 979-11-7374-146-3(03810)

좋은 책을 만들겠습니다.
하움출판사는 독자 여러분의 의견에 항상 귀 기울이고 있습니다.
파본은 구입처에서 교환해 드립니다.

이 책은 저작권법에 따라 보호받는 저작물이므로 무단전재와 무단복제를 금지하며,
이 책 내용의 전부 또는 일부를 이용하려면 반드시 저작권자의 서면동의를 받아야 합니다.

다이달로스의
몰 · 락

한재훈 지음

목차

다이달로스의 몰락 .6

프롤로그 .8

I 인간의 욕망 11

자연법칙의 위협, 인간의 욕망 .12

인간의 욕망과 이기심에 관하여 .16

'효용'만 지표로 삼을 때 .21

생태계 균형에 관하여 .25

연환계 .30

인류세에 관하여 .31

지구 온도의 상승은 인간 활동이 원인 .36

현대인의 뇌, 그리고 도파민 .38

도파민의 결과물, 무엇이 남길래 .44

게임과 마약 산업에 관하여 .47

게임과 에너지 .50

II 역사 그리고 종교 53

분노를 대하는 태도에 따라 .54

라플라스적 상상 1 .59

라플라스적 상상 2 .67

파리스가 바라본 아름다움 .70

허락된 이민족, 정복의 이름으로 .72

탐욕과 시기심이 부른 경제학 .79

인간의 이익에 집착된 효용 .85

Ⅲ 과학과 기술　89

에너지 보존의 법칙　.90

신과 정령에서 과학과 기술로　.96

미래는 의지와 우연 두 기둥 사이에서　.100

신이 필요했던 이유　.103

과학과 기술의 하수인 자연법칙　.105

뇌　.107

Ⅳ 자연법칙　111

부모가 되어서 어찌　.112

자연을 위한 양보　.115

한 줄기 빛, 그나마 이성이 있기에　.119

'자연법칙'이 해법이 되어야　.121

또 다른 신, 정보 기술　.124

'진화'에 관하여　.127

'개선 가능성'에 관하여　.132

자연으로 돌아갈 때, 지금　.137

적자생존 법칙에 비껴 있는 존재　.140

질량과 에너지 보존의 법칙　.143

Ⅴ 경영과 사회　149

화폐가 불러온 이변들　.150

양심의 변천　.154

과학혁명과 줄탁동시하여 알아낸 비밀　.159

예나 지금이나 분쟁의 씨앗, 유민　.166

법의 그늘, 외면받는 자연법칙　.171

새로운 국면 시대　.176

K2-18b의 생명체, 지구와 조우하다　.179

다이달로스의 몰락

　다이달로스(Daedalus)는 그리스 신화에 등장하는 인물이다. 크레타(Crete)섬에 살았던 그는 손재주가 남달라 신(神)이 시샘할 정도였다. 크레타의 왕 미노스(Minos)는 다이달로스에게 자신의 왕비 파시파에(Pasiphae)가 낳은 우두인신(牛頭人身) 미노타우로스(Minotauros)를 가둘 미궁을 만들 것을 지시했다. 미궁의 이름은 라비린토스(Labyrinthos). 이 밀폐된 건물로 들어간 사람은 누구도 탈출할 수 없다고 그는 장담했다. 그 이유는 구조적으로 들어가고 나오는 문이 하나로 통하게 했고 복잡한 통로로 이어진 미로에서 무사히 탈출하기 위해서는 오직 들어간 방향으로 다시 되돌아 나와야만 했다. '가역적 회귀'.

　테세우스(Theseus)는 7년마다 제물로 바쳐지는 그리스 소년들을 따라 크레타에 도착했다. 미노스의 딸 아리아드네(Ariadne)는 테세우스의 모습에 반한 나머지 라비린토스에서 탈출할 수 있는 비밀을 알려 준다. 아리아드네가 알려 준 비밀의 열쇠는 실타래.

　테세우스가 탈출하자 분노한 미노스는 다이달로스와 그의 아들 이카로스를 탑 꼭대기에 가두었다. 하지만 다이달로스는 탑에서 탈출해야겠다는 일념에 간수를 시켜 새의 깃털과 밀랍을 구해 달라고 요청했다.

　간수가 구해다 준 재료를 이용하여 두 쌍의 날개를 만든 다이달로스는 창문 너머 하늘로 탈출한다. 다이달로스는 이카로스에게 이른다.

"너무 낮게 날면 바닷물에 날개가 젖어 무거워져서 날 수 없게 되니 너무 낮게 날지 말 것이며, 너무 높이 날면 태양열에 날개가 녹아 떨어질 수 있으니 태양 가까이 날지 말라."

하지만 이카로스는 다이달로스의 충고를 무시한다. 이카로스는 하늘 높이 날아올랐으며 이에 밀랍이 촛농처럼 녹아내렸고 깃털은 하나, 둘 떨어져 뽑혀 나가기 시작했다. 마침내 이카로스는 바다로 곤두박질하여 추락한다.

그의 죽음을 생생하게 목격한 바다 이카리아(Icaria).

이 바다는 또 다른 죽음을 대기하고 있다. 태양은 밝게 빛나고 열기로 끓어오르는 해무는 대기를 무겁게 적시고 있다.

이 비극적 찰나를 기억해야 한다. 우리의 풍요는 이 비극과 닮아 있기 때문이다. 그러나 이 비극이 곧 우리의 현실이 되리라고 생각하는 사람이 몇 명이나 될까. 서서히 밀랍이 녹고 날개가 하나, 둘 떨어지는 것조차 자각하지 못하고 있는데 누가 이 순간이 비극의 시작점임을 깨달을 수 있겠는가? 인류 역사상 가장 복잡한 풍요와 미묘하게 다가오는 절망이 한데 어우러져 연막처럼 가리고 있는데….

프롤로그

　사람들이 법을 만들고, 행동을 통제하고, 정신을 다스릴 수 있었던 것은 학문의 힘이 있었기 때문이다.

　학문은 추구하는 목적에 따라, 고유하고 숭고한 가치를 좇는 바에 따라 다양한 종류로 분류된다. 인간의 본성을 탐구하는 학문은 심리학의 영역이다. 인간 활동에서 다수가 동의하는 것을 일반화하여 정의하고 이를 사회에 활용하는 학문이 사회학이다. 이와 연대해서 자연으로부터 '효용'적 가치를 창출하는 학문이 경영학(공학)이다. 인문학(철학·문학)은 인간을 이해하고, 분석하고, 인간을 위한 학문이다. 이 모든 학문이 궁극적으로 지향하는 곳은 '자연 정복'. 여기에 환경학은 인간과 자연이 서로 소통을 기반으로 하고 있으나 이 또한 매우 소극적이라 인간을 설득하는 데 불과할 뿐.

　자연계에 실재하는 모든 것은 저마다 규정된 '~보존의 법칙'을 따라야 하고 이 법칙들은 모든 것을 통제한다. 더욱이 '~보존의 법칙'은 들어오고 나가는 수지(收支) 계산에서 한 치의 오차가 허용되지 않으며 그 어떤 것도 이 법칙을 이탈할 수 없다. 그런데 환경학은 자연을 위해 인간이 양보해야 할 두 가지 욕망[1]을 손에 꽉 움켜쥔 채 놓으려 하지 않는다.

　이성은 칼처럼 매섭고 욕망은 하늘을 찌른다. 이성과 욕망의 양 칼로

---

1) 자연의 종족 보존을 위한 '기본 개체 수'와 '진화의 방향'.

이룩한 학문은 오늘도 대지와 바다, 하늘을 가운데 두고 도륙하기 바쁘다.

문명이 만들어 낸 예속은 투쟁을 통해 극복하려 했던 처음의 그것과 다를 바 없이, 인간의 본유적 행동을 억누른다.

루소가 말했듯이 우리는 지금 손과 발을 결박당한 채 배내옷으로 싸여 있는 아이 모습과 같다.

> "… 아이는 성장을 지향하는 신체 내부의 충동에 따라 성장에 필요한 운동을 하려고 해도 극복할 수 없는 장애물에 부딪히게 된다. … 아이는 어머니의 뱃속에 있을 때보다 배내옷에 싸여 있을 때 더 비좁고 갑갑한 압박감을 느끼게 된다. 이런 상태라면 아이가 태어나서 얻은 것이 무엇인지 모르겠다." - 장 자크 루소, 『에밀』 「1부」 중에서.

예속과 욕망에 결박당한 현대인들, 이 미묘하고 복잡한 감정들은 우리가 자연에서 살아야 할 숙명을 거부하고 있다. 아니 고르디우스 매듭(Gordian knot)처럼 복잡하게 결박되어 버린 현실로 인해서 자포자기하고 있다. 그런데 인간만이 결박당하지 않았다. 자연도 배내옷에 감싸인 아이처럼 결박되었다. 다만 인간의 욕망으로 엮은 밧줄에 꽁꽁 묶여 버린 채 말이다. 이로써 자연은 스스로 만들어 온 법칙을 상실할 운명에 처했다.

I

인간의 욕망

자연법칙의 위협, 인간의 욕망

✳

　인간은 자연과 함께 살아가야 하는 자연 속의 일원에 불과하다. 그럼에도 불구하고 자연과 함께 공익이 되는 노력과 공생의 길을 거부한다. 겨우 수백 년 전부터 인간의 독선이 심화되었다. 지금껏 인간 외 다른 종에 대해 선의를 베푼 행동들도 실은 인간의 이기심으로 가득 찬 이면의 모습을 그대로 보여 주었을 뿐이다. 이를테면 인간이 보기에 소를 위한 유익한 시설을 만들거나 제공해 준 게 과연 소에게 유익한 것이었을까? 그 이면을 파헤쳐 보면 그것이 소를 위한 행동이 아니라는 것을 우리는 잘 안다. 축사를 만들고, 여물통과 물통을 마련해서 때마다 먹이와 물을 주며, 외양간을 손보는 이런 행동들이 과연 소를 위한 배려였을까.

　어쩌면 소는 선조 때부터 자연에서 자유롭게 살아갈 일정의 권리를 가지고 있었던 건 아닐까. 수천 년이란 세월이 흘렀어도, 소들은 그 옛날에 누렸던 자유를 몸속에 기억하고 꿈틀거리고 있을 텐데 왜 자신의 의지와 상관없이 누군가에게 민감한 콧속이 뚫림을 당하고, 코뚜레가 채워지고, 재갈을 물게 되었는가? 이들이 비록 인간이 채워 놓은 족쇄에 속박당하고 있지만, 여전히 자유를 그리워하고 있을지 모르는 일 아닌가.

　디아스포라, 소는 영문도 모른 채 인간에게 끌려왔다. 지금으로부터 1만 년 전 일이다. 인간에 의해서 그들이 살았던 고향에서 강제로 격리되었다. 이 사건은 인간에게서 일어난 전고미문의 희한한 하나의 사건으로부터 비롯되었다. 농업혁명, 인간의 인지혁명 이후 대략 6만 년이란 시간이 흐른 뒤다. 사람들이 특정한 곳에 모여들어 정착하기 시작했다. 그곳은 비옥했으며 농사를 짓기에 알맞았다. 레바논, 이스라엘, 팔레스타인, 튀르키예, 이라크, 이른바 '비옥한 초승달 지대'가 그곳이다. 이 지역에서 유유히 배회하며 풀을 뜯던 소들이 느닷없이 포획당했다. 그 이후로 소는 자연과 영구 격리되는 수모를 안게 되었다. 치욕의 순간이다. 이전에는 이들이 사람과 맹수의 사냥감이 되었던 적은 있었지만, 무리 전체가 포획당한 것은 처음 있는 일이었다.

  소는 탁월한 힘과 사람이 통제하기 쉬운 온순한 천성을 지녔다. 또한 풍미 좋은 육질은 인간의 전리품이 되기에 안성맞춤이었다. 농업혁명이 일어난 시기, 그 시기가 인간과 소가 늑약(勒約)을 맺은 시점이 되었다.

  강한 나라가 약한 나라에게 불평등 조약을 강요할 땐 대등한 인간이 종속의 계약을 맺은 사실에서 당한 쪽이 그 부당함을 지속적으로 항거함으로써 권리를 되찾기도 한다. 하지만, 인간과 소는 대등한 관계가 아니었다. 따라서 소가 저항할 수 있는 행동이라고는 고작 고통스러워하는 몸짓과 '음매' 하며 처절한 소리를 외치는 것 외의 다른 저항 방식을 구사할 수 없었다. 자연이 부여한 제한된 항거 능력은 지금도 여전히 소의 불운으로 작용하고 있다. 게다가 번식과 통제가 자유로웠던 특성으로 인해서 지금까지 인간의 욕망을 왕성하게 채워 주게 한 것도 불행을 자초한 이유다. 만약에 소의 특질이 가젤이나 아이벡스, 산양, 고라니의 성격을 닮아 갑갑한 우리에 갇히는 신세가 되기보다는 탈출을 시도하다 죽음을 택하는 쪽을 선호했다면, 소의 운명은 어떻게 변해 있을까. 제레드 다이아몬드 (1937~)[2]는 가축화된 야생동물에 대하여 이렇게 말했다.

> "… 야생동물을 가축화에 성공할 수 있었던 데는 그들의 공통적 특질 때문인데, 식성이 까다롭지 않고, 성장 속도가 상대적으로 빠르며, 우리에 갇혀 살아도 번식이 자유롭고, 성격이 포악하지 않다는 점이다." - 재레드 다이아몬드, 『총·균·쇠』 중에서.

소는 이런 특질을 그대로 보유한 대표 동물이다. 그래서 야생동물 중에서 가축화된 대형 포유류 중에서 개 다음으로 빨랐다.

가축들의 고운 천성과 통제 용이성이 왜 그들을 영원히 지옥에서 허우적거리게 만드는 이유가 되어야만 하는가? 자연법의 관점으로 보아도 온순하다는 천성이 분명 덕목이거늘, 어찌 죄업이 되어 인간에게 자신의 자유와 목숨이 짓밟히고 괴롭힘을 당해야만 하는가?

아, 소들의 봉기가 드디어 시작되었구나. 창과 낫보다도 위협적이고 절망적인 무기를 앞세워 인간을 점진적으로 공격하기 시작하는구나.

> "… 오늘날 지구상에는 70억 명이 넘는 사피엔스가 살고 있다. 이 모든 사람을 한데 모아 거대한 저울 위에 세운다면 그 무게는 약 3억 톤이 될 것이다. 그리고 우리가 가축화한 모든 농장 동물—암소, 돼지, 양, 닭—을

---

[2] 미국 캘리포니아 주립 UCLA대학교 교수. 『총·균·쇠』의 저자.

> 더욱 거대한 저울 위에 세운다면 그 무게는 약 7억 톤에 달할 것이다. … 이와 대조적으로, 현재 살아 있는 대형 야생동물-호저에서 펭귄, 코끼리에서 고래에 이르는-의 무게를 모두 합쳐도 1억 톤에 못 미친다." - 유발 하라리, 『사피엔스』의 「17. 끝없는 혁명」 중에서.

  가축화한 대형 포유류 중에 소의 개체 수가 가장 많은 것으로 알려져 있으며 현재 전 세계에서 15억 마리로 추산된다. 소는 되새김질하는 동물이다. 이 동물들이 되새김질하는 사이에 메탄(CH_4)을 비롯한 온실가스를 배출하는데 한 마리의 소가 배출하는 온실가스는 SUV 자동차 한 대가 배출하는 양보다 많은 것으로 알려져 있다.[3] 생태계는 자연법칙의 울타리에서 보존된다. 생태계 규칙이 인간의 욕망에 의해 깨진 단면을 인류학자 유발 하라리가 알려 주고 있다. 자연이 종의 불균형을 이룬 지 오래, 누적된 불균형의 여파가 또 다른 자연법칙이 되어 인간을 향해 공격하고 있다. 이 사실을 우리가 모를 리 없다. 그러나 욕망을 멈추지 못한다. 왜냐하면 우리는 이들의 온순한 천성과 육질에 길들어 있기 때문이다.

  지구는 지금까지 몇 차례 멸종을 불러일으켰지만, 이번에는 지나간 방법과는 달리 통제할 수 없는 포악한 종(種) 하나를 제거하기 위해서 고도의 심리전으로 대응하며 공략하고 있다. 바로 '길듦'.

---

[3] '전 세계 온실가스 배출 비율 보고서'에 따르면, 축산 18%, 산업 16%, 교통 13.5%, 에너지 13%, 농업 10% 순으로 집계되었다. - 출처 유엔식량농업기구 보고서(2006).

인간의 욕망과 이기심에 관하여

※

　과학혁명 이래 인간은 자연으로부터 쌓아 온 지식과 경험을 바탕으로 자연 사물을 응용하고 실용화하는 데 성공했다. 그것을 두고 '기술'이라고 말한다. 그간 이 기술의 행적과 용도를 살펴보면 주로 이런 일들을 했다. 자연으로부터 에너지를 최대한 동원해서 자원을 으깨고, 부수고, 쥐어짜고 또한 가장 작은 단위로 입자를 분리하고, 결합하고, 새로운 물질을 생성하고, 이런 일을 통해서 얻은 부산물(이득)을 인간에게 바쳐 왔다.

　인간의 덕성을 노래하며 찬양하는 사람들도 자연에서 캐내어야 할 이익을 옹호하는 데는 매한가지. 동해의 생태와 오징어, 남해의 민어, 흑산도 홍어, 제주 멸치, 이들의 운명과는 상관없이 풍어를 기원하는 노래만 부를 뿐이다.

　날씨와 바람, 파고의 변화, 달의 인력에 따라 변하는 사리와 조금, 조소기, 대조기, 정조기 등 조차에 따라 바다 생물의 운명이 결정되던 시절이 있었다. 그래서인가, 바다 생물은 아직도 심연의 바다와 공활한 하늘이 인간을 우연한 불행으로 인도하리라 믿고 있으니 아, 어찌하랴. 이들의 운명은 어군탐지기와 동력 기계가 운 좋게 고장 날 확률에 운명을 걸 수밖에 없게 되었구나.

　그뿐이겠는가. 사람들 사이에 새롭게 만들어진 기호(嗜好)는 끝없이 장려되어 왔다. 하나의 기호에서 다른 기호를 파생하는 것 역시 마찬가지다. 마치 아메바가 분화하듯이 인간 사회에서 기호들이 폭발적으로 증가했고 다양한 기호들이 세상에 바다를 이루고 있다. 하지만 기호의 본질이 무엇인가? 인간의 욕심과 쾌락적 본능에서 발현된 것이 아닌가?

지구 자원의 고갈과 황폐해진 자연의 문제는 인간의 생존 메커니즘이 아닌 기호 메커니즘에 있는 것이다.

지난 200여 년 동안 거듭하여 발전한 기술은 자원 고갈을 재촉하는 원인이었다. 특히 주인이 정해지지 않은 영토와 바다의 자원 고갈 상황은 매우 심각했다.

> "… 바로 여기에 비극이 있다. 목동들은 제한된 목초지에 가축을 무제한으로 증대시키지 않을 수 없는 시스템 속에 갇혀 있다. 공유지는 누구나 자유롭게 사용할 수 있다고 믿고 각자 자신의 이익만 추구하여 모두가 파국을 향해 달린다. … 모든 사람의 재산은 어느 누구의 재산도 아니라는 해묵은 격언에는 어떤 진실이 담겨 있는 것처럼 보인다. 모두가 공짜로 가질 수 있는 재산은 누구에 의해서도 값어치 있는 것으로 간주되지 않는다. 왜냐하면 자기가 사용할 차례를 그냥 앉아서 기다릴 만큼 어리석은 사람은 결국 그 자원이 다른 사람들에 의해 모두 없어지고 말았음을 발견하게 될 것이기 때문이다." - 1968년 개릿 하딘, 『사이언스』지 「공유재의 비극(The tragedy of commons)」이라는 논문에 실은 글 중에서.

> "… 1989년 미국 뉴잉글랜드 해안에서 240km 떨어진 조지만에서 물고기 남획, 이로 인해 1960년대보다 어획량이 1/4로 줄어들었다(대구, 넙치, 명태 등)…." - 엘리너 오스트롬(1933~2012), 『공유의 비극을 넘어』 중에서.

기술 발전이 향한 곳이 자연이고 자연을 파괴하고, 병들게 하는 데 인간의 이성이 그 중심에 있었다.

이젠 우리 인간의 무책임한 행동에 관해서 이 세대가 책임져야 할 과제들이 무엇이 있는가를 지금 생각해 보아야 할 때다. 이 문제들을 해결할 방법은 오직 인간이 '자연 상태'로 되돌아갈 방법밖에 없지 않은가?

장 자크 루소(Jean-Jacques Rousseau, 1712~ 1778, 프랑스 사상가)가 260년 전에 인간의 '자연 상태'에 관하여 정의한 바 있다. 그는 '자연 상태'를 자연과 인간의 공존 상태로 보았다. 그렇다고 해서 산속에서 세상과 단절하고 홀로 원시인처럼 살아가는 이른바 '자연인으로 산다'에서의 주인공이 되라는 뜻이 아니다. 다시 말해 그가 말한 '자연 상태'는 '최초의 원시 상태'를 규정한 것이 아니었다. 인간 생활 중심으로 자연이 종속되는 것은 막을 수 없지만, 인간과 자연이 공존하기 위한 정교한 균형과 질서에 의해 상호작용을 하는 관계를 의미했다.

'만인이 만인에 대한 투쟁'이라는 배타적 의식이 인간 본성의 디폴트인지, '서로를 보호하는 상호 의존 상태'라는 이타적 의식이 인간 본성의 디폴트인지 이에 관한 갑론을박은 이 시점에서는 그다지 도움이 되지 않는다. 이 두 상황은 인간이 각자 살아가면서 어떤 경험을 해 왔는지 그 전제에 따라 의식이 변화될 수 있기 때문이다. 그래서 전자의 의식을 가진 사람이 영원히 그 의식을 고수한다는 보장이 없고 그 반대도 마찬가지다.

이에 몽테스키외[4]는 "사람 사회에서 평등이 사라지면 언제나 그 사회는 전쟁이 일어났고 사회 내부도 늘 불안과 공포가 만연하게 된다."라고 말하기도 했다. 몽테스키외는 사회에서 사람들의 의식이 갈라지게 하는 주요 원인이 '평등'에 있다고 주장했다. 사회가 평등하다면 사람들 사이에 이기심보다 이타심이 지배할 것이고 사회가 평등하지 않다면 이타심보다 이기심이 그 사회를 지배할 것이라고 말했다.

인간과 자연의 관계도 이 관점에서 유추해 볼 수 있다. 불안과 공포는 자연과 인간 사이에 합의된 균형(평등)이 사라지면 나타나게 될 것이며 그 균형을 유지한다면 자연은 불안과 공포를 거두게 될 것이다.

인간에 의해 그리고 인간만 중시되는 이 사회에서는 언제나 자신만의 욕망을 추구할 것이고 자연 사이에서 우호적으로 맺어진 관계조차도 종국에는 인간의 이기심을 보상받기 위해 자연을 침해할 것이기 때문에 불안과 공포는 인간을 계속 따라다니게 될 것이다.

고대 로마 종신 독재관 율리우스 카이사르가 자신의 욕망을 충족시키기 위해 갈리아와 브리타니아 지역을 정복하며 수많은 사람을 죽이고 전리품을 강탈했다. 그러나 카이사르는 역사를 창조한 위대한 인물이다. 침탈의 역사라도 그것이 위대할 수 있는 이유는 시대가 허락했기 때문이다.

인간도 마찬가지다. 자연을 정복하는 일은 시대를 따라야 한다. 바로 합의된 균형이 유지되고 있는 그 시대이어야만 인간이 자연을 정

---

[4] 샤를 루이 드 스콩다 몽테스키외(1689~1755)는 프랑스 법학자, 사상가다. 그의 대표적인 저서로는 『페르시아인의 편지』와 『법의 정신』이 있다. 오늘날 왕정이 아닌 모든 국가의 정치 체제에서 3권 분립에 관한 이론들은 그의 책 『법의 정신』에 실려 있는 내용들을 인용한 것이다.

복함이 허락된다. 인간이 시대가 허락하지 않는데도 정복하는 일은 자신에게 마냥 이로울 수 없다는 사실을 깨달아야 한다. 자연으로부터 취한 전리품은 그 자체가 자연인 것이고 전리품의 특성상 자연의 처지를 나쁘지 않게 하면서 인간의 처지를 좋게 하는 것은 불가능하기 때문이다. 지구라는 한정된 공간에서 욕망적 인간이 증가함에 따라 자연 회복력은 체계적으로 감소하게 될 것이다. 자연 회복력을 높이기 위해서는 이 관계식을 통해 두 가지 방법이 제시된다. 하나는 인간의 욕망을 줄이는 방법이고 다른 하나는 욕망의 근원을 제거하는 방법이다. 인간 외 나머지 종은 철저히 '자연법칙'에 따라 조절되기 때문에 문제 될 것이 없다.

자연은 인간들처럼 독립적이고 개별적인 이성을 가지고 있지 않기 때문에 파괴되어 가는 자신의 처지를 인식조차 할 수 없거니와 자유의지도 없다. 게다가 망가진 자신의 상태를 계획적으로 복구하지도 못한다. 자연은 오직 태초에 주어진 반딧불이같이 미약한 본능의 보호만으로 힘겹게 투쟁해야 하는 프로그램에 의존해 서서히 회복하는 능력만 갖추고 있을 뿐이다. 알고 보면 자연은 위대한 우주의 섭리로 잘 짜인 것 같지만 인간의 지성으로 이해하기엔 턱없이 부족한 능력을 지니고 있다는 것을 우리는 깨달아야 한다.

'효용'만 지표로 삼을 때

✳

　민주주의 국가들은 사회주의에 거리를 두는 것 외에도 다양한 사상이나 철학을 대체로 수용한다. 하지만, 결국에는 거의 경제를 이끄는 기업인의 논리에 국가 정책과 행정의 판이 짜진다. 왜냐하면 국가의 기본 정책들은 먹고사는 문제로 거의 귀결되고 이 문제가 잘 해결되지 않으면 폭동을 불러일으킬 수 있기 때문이다. 즉, 이 먹고사는 문제가 단순히 먹고사는 문제로 그치지 않고 인간 행동의 수많은 유인(誘因)을 내포한다는 점이다.

　민주주의는 거의 자본주의와 민본주의라는 양대 사회적 개념에 뿌리를 둔다. 민본주의 관점에서 볼 때 정부가 시행하는 정책 사업들은 사회적 약자, 집 없는 사람, 심지어 빚이 있는 사람을 구제한다는 명목으로 정책이 수립된다. 그런데 한편 이런 정책들이 어딘가에서 누군가의 재화 효력으로 나타나지 않거나 그것이 보장되지 않는다면 이 사업은 곧 중단되거나 예산은 재편될 것이다. 이익에 관한 구체적인 실효성이 보장되지 않는다면 자본주의 사회에선 설 자리가 없다. 따라서 기업과 마찬가지로 정부 정책이 시행되는 곳에서도 이익이 발생해야 한다. 이 이익을 달리 표현하면 '효용'이라고 한다. 하다못해 우연히 발견된 풍선 효과나 투자에 따른 미봉책일지라도 그것이 가시적으로 나타나야 한다. 또한 그 과정에서 '누가 진정한 수혜자인가?'라는 민감한 의문에 관해서 가려져 있더라도 정부가 이를 수용한다. 왜냐하면 정부는 효용이 발생하는 지점이 아니라 효용의 포괄적 규모에 더 관심을 두기 때문이다. 하나의 예를 들어 보자.

어떤 사람이 사기를 쳤다. 그는 자신이 소유한 동산과 부동산은 익명이나 차명으로 이미 돌려놓은 상태며 늘 빈털터리다. 만약 그가 재산을 가지고 있다는 것이 발각되면 채권자에게 돈을 갚아야 하기에 그 돈은 어딘가에 꼭꼭 숨겨 놓아야만 한다. 그 돈을 어디에 숨겨 놓았는지는 알 수 있다. 하지만 그 돈을 돌려받지 못한다. 왜냐하면 그 돈이 어떻게 해서 그곳으로 흘러 들어갔는지 알 수 있지만, 돈의 흐름이 최종적으로 멈춘 그 지점의 소유권자를 자본주의와 민본주의 모두 중요시하기 때문이다. 이것이 법의 그늘이다.

정부는 사기꾼이 익명과 차명으로 바뀌기 전까지 돈만 구속한다. 설령 그것이 고의로 한 행동이라도 마찬가지다. 법의 그늘을 모를 리 없는 사기꾼은 돈을 빼돌리는 건 식은 죽 먹기다.

그런데 이상한 일이 벌어진다. 그러다 보니 사기꾼은 집 없고 채무만 남아 있는 사회적 약자가 되어 있다. 정부는 그자가 사기꾼이라는 사실에 관해서는 상관하지 않는다. 채권자에게 빚을 갚아야 할 책임보다 국민의 권리로서 보호받을 인권만 그에게 남아 있기 때문이다. 사기꾼은 채권자의 인권보다도 소중한 정치적 가치를 갖는 대상자가 되어 있다. 그래서 정부는 그자가 '사기꾼인가, 아닌가?'의 문제보다 '사회적 약자인가, 아닌가?'라는 문제만 바라본다.

정치적 가치들은 정부 지원 정책의 시행 여부를 결정하는 요인으로 작용한다. 정부의 정책에 따라 '사회적 약자'가 되어 있는 사기꾼을 정부가 지원하는 데는 걸릴 것이 없다. 결국 그의 빚은 정부가 탕감해 주거나 면제받게 해 준다. 그러나 채권자는 아직도 사기꾼의 금고에 차명과 익명의 이름으로 돈이 비축되어 있다는 것을 알고 있어 속만 새까맣게 타들어 간다.

사기꾼을 지원하고 난 후 경제 정책과 지표를 정부가 다시 살펴본다.

사기꾼의 빚 탕감은 고스란히 사기당한 사람들의 권리가 박탈되는 방향으로 이어졌다. 정부로서는 관리 행정비가 감소했다는 것 외 '불효용'을 발견할 수 없다. 하지만 채권자에게 분배해야 할 재화가 사기꾼에게 집중되고 그 돈이 어딘가로 다시 융통되면 바뀐 주인의 이름으로 재화가 다시 생산된다. 해당 지점에서 선량한 거래자들이 가득하다면, 재화는 채권자에게로 분배되지 않고 고스란히 사기꾼에게 집중된다. 이렇게 교환하는 재화 자체와 재화의 흐름은 정부의 정치적 가치와 맞물린다. 그것이 바로 GDP다. GDP는 흐르는 물줄기와 같아서 물이 어디로 가야 하는지 방향성은 중요치 않다. 종국에는 '물이 고여야 할 곳에 얼마나 많은 물이 있는가?'이다. 그래서 GDP 안에서 절도와 약탈, 사기, 마약, 전쟁 등을 통한 생산물이 자연스럽게 흡수되는 것이다.

정치인 중에는 돈의 흐름에 따라 자신의 정치적 신념을 바꾸기도 한다. 사기꾼의 거래가 자신의 정치 활동에 도움이 된다고 믿는 순간 그것을 정책으로 입안하는 것은 일도 아니다. 사법부의 시각도 비슷하기는 마찬가지다. 민사 재판에서 사기꾼에게 당한 사람의 돈은 매몰 비용일 뿐이다. 재판에서 승소하더라도 사기꾼이 돈을 돌려줄 생각이 없다면 채권 추심은 무용지물일 뿐이다.

그러나 돈이란 것은 물리적 성질을 따른다. 백만 원이 분산되어 어딘가로 흘러가도 그것이 소각되거나 폐기되지 않는 한 그 액수는 사라지지 않는다. 그런 측면에서 사기꾼에게로 모여든 돈은 숨은 재화다.

뻐꾸기는 탁란이라는 방법을 선택하여 자손을 번식한다. 뻐꾸기는 뱁새, 멧새, 개개비와 같은 작은 새 둥지에 알을 낳는다. 뻐꾸기알은 다른 새의 알보다 두 배 가까이 크고 하루나 이틀 먼저 부화하며 다른 알들이 부화하기 전에 둥지에서 밀어내 떨어뜨리고 둥지를 혼자 차지한다. 어미 뻐꾸기는 가까운 나뭇가지에 앉아서 자신의 새끼가 부화하는 상황을 지켜본다. 비운의 작은 새가 뻐꾸기 새끼를 자신의 새끼라고 인정하는 순간 뻐꾸기는 떠난다. 정부는 뻐꾸기와 같다. 지켜보기만 한다. 작은 새의 새끼들의 죽음은 매몰된 가치다. 하지만 남아 있는 것은 작은 새의 슬픔이고 사라진 것은 작은 새의 권리뿐이다.

생태계 균형에 관하여

✴

　18세기 산업 세계가 발전하기 시작하면서 세상은 온통 '효용'으로 아우성치는 크라켄과 같이 변했다. 사람이 있는 곳이라면 언제나 효용이 더 많은 효용을 계획하고, 효용이 효용을 증폭시키며, 효용 그 자체를 갈망하기 위해서 효용이 재료가 되어야 하는, 한마디로 세상이 오로지 효용을 투입해, 효용을 이용하여 효용을 낳는 쳇바퀴 세상이 되어 버렸다. 하지만 쳇바퀴가 돌아가는 순간을 위해 효용이 남긴 찌꺼기는 씻을 수 없는 잔재로 남아 있게 될 수밖에 없게 되었다.

　욕망은 인간의 삶에서 제1원칙 지위를 차지했다. 나머지 가치들은 모두 그 밑에 있다. 시장은 인간의 욕망을 충족시키는 거대한 공간이다. 욕망은 늘 자연을 향해 있었고 과학과 기술은 이를 부추기는 시녀가 되었다. 욕망의 목적지는 '충족'이다. 하지만 이를 채우지 못한 것은 '부족에 의한 갈망'으로 남아서 불안의 원인으로 작용했다.

　불안은 사물을 부수고, 으깨고, 결합하고, 소멸시키는 일을 주저하지 않았다. 하지만 우리는 시시포스의 후예라는 사실을 잊지 않아야 한다. 이제껏 충족은 없었다. 그래서 부족에 의한 갈망, 그것이 한 번으로 끝난 적이 없다.

　지구에서 생물이 살아갈 수 있는 가장 근본적인 에너지원은 단연코 태양이다. 모든 생태계의 생존 조건의 으뜸이며 지구에서 생명 활동은 태양의 영향권에서 한 치도 벗어날 수 없다. 태양은 모든 생명 활동에 직접적으로 관여하는 실체다. 누군가 "존재는 본질에 앞선다."라고 말했다고 하는데 하지만 모르는 소리, 실체야말로 존재를 구성하는 본질 자체다. 왜 인간이 자연보다 소중해야 하는가? 왜 자연 자체가 무방비 상태로 인간의 자유와 선택에 의해서, 게다가 무절제한 행동에 의해서 재단되는 것이 허락되어야 하는가? 인간은 그저 자연의 일부분일 뿐이다. 부분이 전체보다 소중해야 하고 부분을 위해 전체가 희생해야 한다는 요구는 지나친 편견 아닌가? 지독한 자만심이며 독재다.

태양을 단순하게 빛과 열을 제공하는 천체로만 여겨서는 안 된다. 지구의 기후와 날씨에 절대적 영향을 주는 것은 물론이고 지구 각지의 독특한 생태계에 필수적인 에너지와 생장과 진화에 필요한 지속성을 제공한다. 태양으로부터 전달되는 입자와 파장은 지구 에너지로 축적되어 생명 활동에 없어서는 안 될 에너지가 되고 태양의 질량은 인력이 되어 지구 기후와 환경의 순환 패턴을 유지하도록 질서를 잡아 준다. 태양 주위를 공전하는 궤도면에 대해 약 23.5°로 기울어져 있는 자전축은 남반부와 북반부의 상반된 계절을 형성하고 위도에 따라 바람의 방향과 바람에 섞인 수분의 함량 차이로 몬순을 불러오며 이 대류는 다시 생명 활동에 활기를 불어넣어 준다.

태양의 공전 라인을 타고 지구는 팽이처럼 끊임없이 돌아가며 낮과 밤이 번갈아 교체되고 모든 생명은 반복되는 낮과 밤의 시공간에서 활동과 휴식 시간을 정한다. 지구 내부로 입사된 태양에너지는 지구의 표면에서 물리·화학적 변화를 지속적으로 생성시키며 생명 활동에 활력소를 넣어 본연의 특성에 따라 순응하며 생명을 이어 가도록 그 기반을 제공한다. 이 모든 일이 태양이 존재하기에 가능하다.

한편, 태양이 지구에 유익한 것만 제공하지는 않았다. 드물지만 생태계에서 대멸종을 불러온 사건도 알고 보면 태양이 적잖이 관여했다. 이와 관련된 보고서에 따르면 다음과 같다.

> "지구에서 일어난 대멸종은 지금까지 5차에 걸쳐 있었다. 4억 4,500만 년 전 빙하기와 감마선 폭풍에 의해 86%가 1차 대멸종한 이후 3억 7,000만 년 전에는 빙하기와 운석 충돌에 의해 2차 대멸종이 일어났다. 이때 75%가 멸종했으며, 2억 5,000만 년 전에는 화산 폭발과 지구 온난화, 운석 충돌로 3차 대멸종이 있었다. 이때 지구상에서 96%의 생물 종이 사라졌다. 4차 대멸종은 2억 500만 년 전으로 대규모 화산 폭발로 80%의 생물 종이 사라졌고 6,500만 년 전에는 특이하게도 지구에 작은 천체가 충돌하면서 76%의 생물 종이 사라졌다." –『네이처』, 미국국립과학원.

하지만 태양이 건재하였기에 얼마 지나지 않아서 자연은 새로운 역사를 써 내려갔고 이 과정을 경험하고 학습한 종은 더 강인한 모습으로 진화하거나 전이를 반복해 왔다.[5]

인간이 자연을 파괴해 나가는 속도보다 자연이 스스로 재생하고 복구하는 속도가 상대적으로 느리지 않다면 자연은 온전한 생태계 시스템을 지킬 수 있으며 지속 가능한 생존을 유지할 수 있다. 다시 말해 모든 종이 그렇듯이, 인간 역시 자연을 침해(또는 자연의 제공)하는

---

[5] 필자가 생물의 진화를 크게 '진화'와 '전이'로 나눈 것은 생물 종이 선택하는 진화 과정이 두 가지 양상이라고 보기 때문이다. 여기서 '진화'는 같힌 유전자에 의한 것이고 '전이'는 열린 유전자에 의한 것으로 구분했다. 예를 들면 오스트랄로피테쿠스와 사피엔스는 '진화'로, 조각류 공룡과 새는 '전이'로 구분한 것으로 학술적인 구분은 아니다.

과정을 통해서 생명이 영위될 수밖에 없는 운명을 안고 살아야 한다. 그래서 인간이 하루도 빠짐없이 섭취하는 양식(糧食)은 모두 자연으로부터 제공된 것이고 그 폐기물 역시 처음의 그곳으로 돌아간다. 또한 이성적 산물로 만들어 낸 편의 시설이라든가 정신세계를 풍요롭게 해 주는 기술들도 모두 자연이 제공하는 물질과 에너지 그리고 자연의 원리에서 찾아낸 것들이다. 모든 생명은 '파괴'라는 행위의 연속성에서 지속해야 하는 논리 모순을 안고 있지만, 자연은 그런 상황에서 균형의 관계를 유지해 왔다. 이 균형의 관계는 '파괴'와 '보존' 간 속도 차를 좁히는 것에서 유지되는 것이다. 힌두교 신 중에 시바라는 신이 있다. 시바는 '파괴의 신'으로 불리지만 한편으로는 '창조의 신'으로 불리기도 한다는 점 상기하면 이 설명에 적절한 비유가 될 것이다.

"지금의 순간이 계속 반복된다는 전제 아래 최고의 선택을 하는 것은 자유와 구원에 있다."라고 차라투스트라[6]가 말했다. 그런데 천만의 말씀이다. 지구의 생물들이 생존하며 살아가는 곳에는 파괴와 보존(창조)의 줄다리기 싸움처럼 언제나 팽팽한 긴장 관계가 유지되어 왔다. 이 팽팽한 긴장은 '균형'이라는 알고리즘으로 구성된 것이다.

세계의 질서를 생태계 먹이사슬의 피라미드 구조에서 찾는 것은 큰 착오다. 7만 년 전 인간의 지위가 스스로에 의해 최정상에 오르고 찬탈자가 된 것은 자연이 인정한 질서가 아니라는 뜻이다. 지속 가능한 세계를 유지한다는 것은 자연계에 존재하는 종의 수와 그 균

---

[6] 니체(1844~1900), 『차라투스트라는 이렇게 말했다』 중에서.

형에서, 그리고 생존경쟁의 건전한 프로그램 속에서 이뤄져야 한다. 그러나 오늘날 생태계 최상위 위치의 인간의 의지(욕망)가 무한정 자유로워지면서, 지구의 한정된 자원의 균형이 깨졌다. 자연이 일구어 놓은 순기능도 깨졌다. 태양과 달, 지구가 협력하고 수억 년 동안 이루어 놓은 자연법칙의 성과와 완성된 시스템은 모조리 흐트러졌다. 그 결과 지구가 경험한 사실이 있지만, 인간이 아직 경험하지 못한 환경 속으로 빨려 들어가고 있다. 조류와 파충류는 지구의 대변화가 일어나 6차 멸종이 일어나기라도 한다면 가장 더디게 그리고 악착같이 남아 생존할지도 모른다. 그들은 이미 조상으로부터 대멸종 경험이 밈의 형식으로 전수된 후손이기 때문이다.

지금으로부터 대략 1.5억 년쯤으로 거슬러 올라가 보자. 인류가 탄생하기 전의 지구에는 소철, 양치식물이 자라고 알로사우루스나 메갈로사우루스와 같은 수각류와 브라키오사우루스와 같은 용각류들이 먹고 먹히는 경쟁이 벌어졌다. 소형 공룡이 조류로 진화하기 시작했고, 육지와 습지를 오가며 살던 양서류는 간신히 지구라는 무대에 출연했지만 조연에 불과했다. 판게아 지각이 점점 분열하며 육지 상당 부분이 바다 밑으로 가라앉았다. 지구 전 지역이 습하고 더우며 빈번한 화산 폭발로 인해 곳곳에 퍼진 메케한 유황 냄새, 호흡할 수 없을 정도로 희박한 산소는 해발 4,000m 이상의 고산지대와 비슷했다. 그 당시 지구는 생존이 허락된 생명들만 살아남을 수 있었던 혹독하고 불편한 환경이었다. 지금 우리는 그 통로 앞에 서 있다.

연환계

 연환계, 자연과 인간이 철저하게 분리된 이유는 연환계의 주체자인 인간의 행동 때문이다. 세계에서 하나의 사건으로부터 연속된 사건을 잇고 결과를 의지대로 엮어 낼 수 있는 것은 자연계에서의 '진화'와 인간의 '이성' 두 가지뿐이다. 그러나 서로 같이할 수 없는 코드로 새겨진 두 개념은 항상 상충한다. 진화가 새겨 놓은 코드에는 오직 '생존과 번식'이라는 행동 규칙이 새겨져 있지만, 이성은 '욕망과 이기심'을 행동 규칙으로 삼는다.

 진화에 작용하는 변수는 오로지 생존 법칙에서 찾으며 확률에 의존하지만, 연환계의 변수들은 거의 욕망의 크기로 가늠되며 연역적 보장성에 의존한다. 자연계에 속한 모든 동식물이 욕망이 없겠는가? 다만 그들은 생존 보존의 쓰임새에 그 에너지가 집중되어 있을 뿐이지만 인간은 연환계로 줄줄이 늘어선 욕망의 크기에 따라 상응하는 에너지를 소비한다. 이것이 차이다.

인류세에 관하여

오늘날 시대를 일컬어 4차 산업혁명 시대라고 부른다. 영국의 도시 맨체스터가 1차 산업혁명을 일으킨 본산지다. '인류세'라는 말을 처음 사용했던 네덜란드 대기화학자 파울 크뤼천(Paul Jozef Crutzen, 1933~2021)[7]이다. 그는 1차 산업혁명을 '열-산업자본주의'의 시작으로 보았고 영국의 제임스 와트가 효율적인 증기기관을 특허 출원하여 산업 분야에서 실용적으로 사용하기 시작한 1784년을 인류세의 시작점으로 생각했다. 사실 학자마다 '인류세'의 시작점에 대해서 각각 다르게 해석하고 있다. 이를테면 원자폭탄을 터트린 1945년을 '인류세'의 시작점[8]으로 보는 견해가 있는가 하면, 15세기 대항해 시대를 인류세의 시작점으로 보는 견해도 있다. 하지만, 필자는 인류세라는 용어를 처음 사용한 학자의 의도를 중시한다.

파울 크뤼천은 "훗날 지질학적 측면에서 '인류세'라는 용어가 후대의 다른 종(현존의 인간보다 훨씬 이성적이고 자신을 통제할 줄 아는 진화 종)에 의해 명명될 때 가장 단기간에 스스로 파멸한 종으로 기억될 가능성이 유력하다."라고 말한 바 있다. 18세기 이전과 이후의 인류는 생물학적 차원에서는 서로 같은 종이다. 하지만 18세기 이후 인간은 환경과 자연 파괴의 주범이 됐다. 여기에 기술을 등에 업은 현대

---

[7] 1995년에 산화질소류가 오존의 분해를 촉진시키는 촉매제 역할을 한다는 사실을 밝혀낸 공로로 마리오 J. 몰리나, 프랭크 셔우드 롤런드와 함께 노벨화학상을 수상했다.

[8] '인류 멸망'이라는 관점에서 보면 원자폭탄이 가장 임팩트한 Keyword라고 여겨진 이유 때문에.

문명은 더욱더 무자비하게 자연을 향한 폭거를 자행했다. 선캄브리아 시대에 '산소 급증 사건'과 같은 대기의 변화로 인하여 메탄(CH4)과 같은 가스가 급격하게 지구 표면에 흡수되고 3억 6천만 년에서 2억 8천만 년 사이 개구리와 같은 양서류가 육지에 최초로 등장한 이 시기에 지구는 석탄기라는 독특한 지질대를 형성했다. 어떤 정체 모를 지질적 자연 현상으로 인해 식물과 군집 균류의 사체들이 여기저기에 흩어져 있지 않고 응집(주로 식물 유기체를 매개로 탄소를 몸 안에 유폐하고 죽을 때 사체가 지하 또는 심해에 켜켜이 쌓이면서 저장된 탄소)된 채로 그대로 탄화됐다. 이것이 특별한 지질층을 형성했는데 우리는 이를 탄소층이라고 부른다. 오랜 시간 동안 탄소를 압축하여 머금은 지질대를 지구는 통치해 왔다. 그러나 오늘날 인간의 욕망과 근거 없는 신의 계명에 따라 자연의 모든 권한이 인간에 의해 송두리째 찬탈을 당했으며 이성은 200년 동안 뾰족한 욕망의 송곳이 되었다. 그로 인해 인간과 자연의 운명은 무저갱 속으로 빨려 들어갔다.

무저갱 속 타르타로스에서 곤히 잠들어 있던 거인족 기간테스를 하나둘씩 깨웠다. 자연 스스로가 고립시켰던 석탄기 유물이 해방되어 1.5억 년 전의 지구 환경 상태로 환원되고 있다. 이 괴물은 참혹한 금성 지대를 만드는 괴물임을 우리가 깨닫지 못하고 있다.

인류세, 이들은 거인의 코털을 건드린 겁 없는 종이다. 타르타로스에서 거인들이 풀려났을 때 그들이 속박할 세상을 가히 상상하지 못하고 있다.

18세기 이전에는 인간의 욕망이 제한적이었다. 욕망은 기본적으로 사물을 이용하는 목적에 부합하는 형질이나 형태로 변형시켜 도구를 만드는 것에서 만족했다. 이 과정에서 인간은 단순히 자신의 근력을 활용하는 방법에서 벗어나지 않았고 사물의 본질을 따져 일깨우는 이성적 판단력도 지금처럼 발전하지 않았다. 신체의 운동에너지만을 이용해서 자연이 제공하는 자원과 비교적 단순한 자연 원리적 효과를 얻는 데 만족했다. 욕망을 실현하는 데 있어 그 범위를 벗어나지 않았으며 그 너머의 웅장한 기댓값에는 엄두를 내지 못했다. 그 정도로 자연적 제약은 높은 벽이었다. 그러므로 단지 인간의 몸속에서 유기체로부터 배출하는 오염 성분, 이를테면 사람과 동물의 호흡과 음식물 배설이 자연 폐기물로 남았던 게 고작이었다. 여기에 조금 가세한 행동이 있다면 겨울나기를 위하거나 취사용 연료(장작과 마른풀, 중동 지역에서는 약간의 나프타 원료의 사용)에 필요한 단순한 화학적 형질 변형을 일으킨 영향(소각하면서 발생하는 대기의 오염과 부패에 의한 오염 등)이 대기와 토지, 바다에 미약하게 부가되었을 뿐이다. 지구 관점에서 볼 때 그때는 LCA 측면에서 종합적으로 건강한 상태였다. 인구수의 팽창 또한 자연적 제약에 의해서 조절될 수 있었다. 이 모두가 기술 발전이 상대적으로 더뎠던 시절의 일이다.

인류세라 칭하는 대기세를 명확히 18세기 이후로만 단정 지을 수도 없는 것은, 절제하지 못하는 인간의 욕망이 팽창하고 있던 시대로부터 연관된 원인에 대해서 무시할 수 없기 때문이다. 15세기 말 대항해 시대가 열리고 유럽과 아시아의 교역도 활발해졌다. 스페인, 포르투갈, 영국, 네덜란드 등의 국가를 중심으로 상업이 각축하듯이 번성하기 시작했다. 활발하게 번성한 상업은 인간의 기호와 욕망의 본질을 바꾸어 놓았다. 재화와 용역이 유통되는 지역을 중심으로 인간이 모이기 시작했고 그로 인해 상품 수요가 늘어났다. 상품 유통 지역은 나날이 규모가 커졌고[9] 자연적으로 이에 종사하는 사람들은 상품을 많이 만들어 유통 속도를 증가시키는 게 중요한 목표가 되었다. 그 당시는 물건을 내놓으면 무조건 사고 팔리던 시대였던 터라 상품 증량과 유통 속도의 증가는 무한정으로 설정해도 무방하리라 믿었던 시대였다.

애덤 스미스도 자신의 이 신념을 『국부론』의 사상적 근간으로 표방했다. 이런 흐름 속에서 인간은 자신의 욕망을 다양하게 드러냈다. 마침 종교[10]도 예전과 달리 상업이라는 하나의 큰 욕망의 덩어리를 옹호해 주었다. 하지만 필자가 15세기 역사를 인류세 기원으로 보지 않는 이유는 그 당시 인간의 욕망이 지금과 다르지 않더라도 신체라는 매개를 통해 얻을 수 있는 물질적 '효용'은 한정되어 있으며 지구 환경에 영향을 미치는 요인 또한 한정될 수밖에 없다고 보기 때문이다. 18세기 이후 인간의 욕망은 신체라는 매개가 아니라 기계를 통하여 확대되었다는 데 있다.

수많은 사람이 모인 시장은 거대한 사회가 되었다. 가장 들끓는 문화가 되었으며 부(富)를 가름하는 척도가 되었다. 생필품이 넘쳐났다. 이에 따라 인간의 의지가 다양한 욕망으로 견인되었다. 인간이 물물교환을 시작하게 됨으로써 갈망이 해소되는 것이 아니라 시장이 무언가 '부족'을 부추기고, 거기서 표상되는 인위적 재료들도

---

9) 물론 인류가 선사시대 이전에도 화폐가 통용되지 않았을 때도 부족끼리 또는 부족이나 씨족 간 물물 거래를 통해 서로 필요한 물품을 거래했고 장터가 있었다. 유통의 유래와 시작점이 대항해 시대 이후라고 오인하지 않기를 바란다.

10) 칼뱅주의.

다양해지면서 욕망도 아메바가 분화하듯이 급증하게 되었다. 19세기 독일 철학자 아르투어 쇼펜하우어(1788~1860)는 이런 말을 했다.

> "… 모든 의욕은 욕구에서, 즉 결핍이나 고뇌에서 생긴다. 이 욕구는 충족되면 끝난다. 하지만 하나의 소망이 성취되더라도 적어도 열 개의 소망은 이루어지지 않고 남는다. 더구나 욕망은 오래 지속되고, 요구는 끝없이 계속된다. 즉, 충족은 짧은 시간 동안 불충분하게 이루어진다. 그런데 심지어 최종적인 충족 자체도 겉보기에만 그럴 뿐, 소망이 하나 성취되면 즉시 새로운 소망이 생긴다." - 아르투어 쇼펜하우어, 『의지와 표상으로서의 세계』 중에서.

시장이 인류에게 순기능만 작용할 것이라 여겼던 사람들이 있었다. 이들은 수요와 공급이 자연적으로 균형을 이루게 되고 그에 따라 자기 조정 기능이 생겨 시장 자체의 본형, 즉 거래의 균형이 유지될 것이라고 믿었다. 자기 조정 기능이 제대로 작동하는 한 가장 효율적으로 자원이 분배될 것이라고 믿었고 따라서 정치는 여기에 개입하지 않는 게 바람직하다고 보았다. 하지만 순진한 생각이다. 시장은 사람의 욕망이 분별없이 희석되고 농축되는 구조라는 것을 직시하지 못했다. 거래를 통해 재화의 분배가 공평할 것이라고 믿었던 것이 함정이다. 거래는 특정한 권리에 집중되기도 하고 이익이 편파적으로 분산되는 사생아를 낳기도 했다. 심지어 국가의 운영 주체인 정부가 이런 시장의 논리 구조 하위에 위치한다는 것이다. 1980년대 영국과 미국이 채택한 신자유주의 시대가 열리고 무역을 통해 경제 기반을 형성하는 국가는 가치관의 기본 원리마저 시장에서 통용하는 셈법으로 계산했다.

지구 온도의 상승은 인간 활동이 원인

✸

　오늘날 엘니뇨와 라니냐 현상도 크게 보면 지난 200년 동안 인간 활동량이 황당할 정도로 증가하면서 발생한 지구적 현상이다. 즉, 14세기에서 18세기까지 전 세계에 대기근을 몰고 온 소빙하기(Little ice age) 때보다도 무려 6배나 큰 온도 변화를 이 기간에 몰고 왔다.

　우리나라 기록에도 그 당시의 참사가 발견된다. 1670년 조선 시대에 발생한 경신 대기근이 그것이다. 이 참사는 전 세계적으로 불어닥친 소빙하기가 몰고 왔던 재앙이었다. 이때 사망한 사람만 85만 명에 이른다고 한다. 그 당시 조선의 인구수가 1,300만 명 정도였으므로 전체 인구의 6.5%가 대기근으로 인해서 굶어 죽었다. 소빙하기가 불러온 지구 온도 변화는 0.2℃에 불과했다. 그러나 지난 200년 동안 지구의 평균 온도는 1.1℃나 증가했다. 순전히 인간 활동에 의해서 발생한 지구 변화다. 지구의 평균 온도를 1.1℃ 올리기 위해서는 히로시마에서 터뜨린 원자폭탄을 매초 5개씩 매일 터뜨려야 하는 것과 같으며 하루 약 43만 2천 개 핵폭탄 위력의 열에너지를 지구가 흡수한 것과 같다.[11]

　이처럼 단기간에 지구의 온도가 급격히 오르게 된 근본 이유에 대해서 많은 연구가 이루어지고 있다. 한편에서는 지구의 오랜 역사를 되돌아보고, 지금과 유사한 사례들을 찾아 주기적 자연현상들임을

---

11) 지금까지 인간 활동을 통한 지구의 온도 변화에 관한 글은 2022년 11월 22일 벌거벗은 세계사의 '지구 온난화가 불러온 지구 위기'를 참조했다.

고고학적 증명들을 통해서 주장하는 노력들이 있지만, 하필 우리 인간이 기술이 발달하고 막대한 에너지를 사용하는 이 시점에서 이런 현상들이 두드러지게 나타나고 있는지에 대한 원인에 대해서는 살펴보려는 의지가 없어 보인다.

특히 인간의 삶이 기술의 의존도에 거의 지배되어 있고 감정 또한 발전하는 기술에 편승해 고도의 흥분을 갈구하는 현상도 나타나고 있다. 사실은 우리 인간이 무엇에 길들여지기 시작하면서 흥분을 갈구하는 방식도 다양해지고 있으며 수위도 높아지고 있다. 그중에 도파민에 길들여진 우리의 모습을 통해 나타나는 문제들에 대해서 살펴보도록 하겠다.

현대인의 뇌, 그리고 도파민

인간의 뇌가 어떤 구조를 가졌으며 사물로부터 취한 데이터가 신경계를 통해서 어떤 전기적인 신호로 변환하여 전달되는지, 그리고 그 신호들이 어떻게 뇌에 전송하고 저장하는지, 또한 그 신호가 신체 각지로 어떻게 연결되는지에 관한 뇌(Brain)와 신경(Nervous) System에 대한 관심이 커졌다. 어떻게 보면 뇌와 신경도 모두 내적 사물이다. 사물을 인지하기 위해서는 오감을 경유해야 한다. 즉, 피사체가 있고 그것이 사람이 감각으로 느낄 수 있는 거리나 범위에 있어야 한다. 하지만 뇌는 인간의 감각 바깥에 있는 것이 아니라 안쪽에 자리하고 있다. 또한 인간의 행동을 결정하는 총지휘자로 군림하고 있다.

17세기 프랑스 철학자 르네 데카르트(1596~1650)는 자신의 저서 『방법서설』에서 "인간은 생각한다. 고로 존재한다(Cogito ergo sum)."라는 말로 뇌의 인지 작용으로 해석된 존재성을 중시했다. 데카르트는 뇌 기능, 즉 '생각을 생성하는 성질'을 존재를 증명할 수 있는 주요한 단서로 삼았다. 그 단서를 시작으로 인지된 여러 사물이 그 단서와 맞부딪혀 무언가를 또 생성했을 때 그리고 이것이 수학적으로 빈틈을 보이지 않았을 때 비로소 그 명제를 진리라고 인정했다. 하지만 데카르트는 '생각하는 행위' 그 자체를 존재의 시작점으로 하여 진리를 탐구하는 방식은 그것이 설령 뇌가 받아들인 피사체라 할지라도 일단 부인하는 것에서 이야기를 전개해야만 하는 모순을 낳았다. 마치 2천 년 전 노나라의 장자가 호접지몽(胡蝶之夢)을 경험한 후 비몽사몽 속에서 헤매던 자신이 나비인지 사람인지 헷갈린다던 그 결함에 대한 우려 때문에 그랬는지는 모르겠으나 그의 지나친 조심성은 '연역적 방식'을 탄생시켰다.

연역적 방법만이 진리 탐구의 유일한 길임을 강력히 주장한 데카르트는 아이러니하게도 그 사고의 본체라 할 수 있는 뇌에 관한 연구에는 크게 관심을 두지 않았다. 다만 뇌의 활동 중에서 정념(情念)에 관심을 두었을 뿐이다. 그래서 그의 말년에 『정념론』이란 제목의 책을 집필하기도 했다.

여기서 다룬 정념은 사람의 오감을 통해 들어오는 '느낌'이나 '사유'의 형태에 관한 것이고 오늘날 의학적·생물학적 인체의 비밀을 증명하는 데는 크게 쓸모 있는 논문은 아니다. 데카르트가 살았던 시대 17세기 프랑스는 초기 계몽시대에 있었지만, 의학과 생물학에 관한 한 전적으로 성경 창세기의 구절(25. 하나님이 땅의 짐승을 그 종류대로 가축을 그 종류대로 땅에 기는 모든 것을 그 종류대로 만드시니 하나님이 보기에 좋았더라 26. 하나님이 이르시되 우리의 형상을 따라 우리의 모양대로 우리가 인간을 만들고 그들로 바다의 물고기와 하늘의 새와 가축과 온 땅과 땅에 기는 모든 것을 다스리게 하시고)에 따라 생명에 대한 모든 비밀의 궁금증이 여기에 멈춰 있었다. 감히 성경이 허락하지 않는 연구 활동을 한다거나 자연의 비밀을 발굴하는 행위는 자신의 목숨을 바쳐야 하는 위험을 감수해야 하는 일이었다. 따라서 과학적 정보가 빈약한 상태에서는 공상과 추측만으로 인간의 뇌를 연구할 수밖에 없었다.

오늘날 뇌 과학자들은 자신이 데카르트 후예라고 자청하지는 않는다. 뇌 활동에 관심을 가지고 있다는 점은 데카르트와의 공통점이지만 뇌 과학자들은 그야말로 연구와 실험, 그 외 과학적 근거를 바탕으로 뇌를 연구하고 관찰하고 있기 때문이다.

뇌 과학 연구자들이 흥미로운 사실 한 가지를 발표했다. 인간이 능동적 행동을 하는 이유는 뇌에서 흥분을 일으키는 도파민이라는 화학물질의 작용 때문이라고 말하고 있다. 도파민은 인체 내에서 분비되는 호르몬의 일종으로 '성취감, 보상감, 쾌락 등의 감정을 느끼게 하고 뇌 안에서 실행, 운동, 동기 부여, 각성, 강화, 보상 등을 조절하는 기능'을 가지고 있다고 한다. 이 말은 뇌에 전달된 도파민이 결국 우리의 모든 행동을 결정하는 요소라는 것이다. 지금껏 사람의 행동은 사람을 제외한 동물이 갖지 못한 특별한 속성 '이성'에 의해 통제되는 것이라고 믿어 왔다. 그런데 난데없이 호르몬이 사람의 행동을 결정한다니, 놀라지 않을 수 없다. 그것이 사실이라면 도파민이라는 것은 어쩌면 우리 인류가 앞으로 지속적으로 생존할 수 있게 하느냐 아니냐를 결정하는 요인이 될 수도 있다는 얘기다. 이 말이 사실이라면 필자의 눈에는 실존주의자들이 도파민에 취한 사람들로 보이는데 나만 그런 것일까? 이들 중에는 이성은 가짜이며 욕망이 진짜라고 주장하는 사람들이 꽤 있기 때문이다.

그리고 이 논리대로라면, 지금까지 인간이 이룬 과학과 기술의 발전에 따른 산물이 도파민 생성량으로 빚어진 결과라는 이야기인데, 궁금하다. 도파민은 그러면 어떻게 생성되는 것일까? 그것에 대한 의학적인 정의는 과연 무엇일까?

어떤 정의에 의하면, "도파민(Dopamine)은 카테콜아민(Catecholamine)과의 화학물질로서 뇌를 비롯한 우리 몸의 여러 곳에서 중요한 기능을 수행한다. 도파민은 뇌와 신장 등에서 합성되는 전구물질인 L-DOPA로부터 카복실기(Carboxyl group)를 제거함으로써 생성된다."

필자가 읽기에도 너무 난해한 말이다. 대충 이 문장을 해석하면, 도파민이라는 호르몬이 '인간 몸의 기능을 결정한다'라고 풀이할 수 있다. 도파민은 이렇게 여러 물질과 화학작용을 통해 생성되고 뇌로 전달되면 그 호르몬이 이끄는 대로 우리의 행동이 발현된다는 말로도 요약할 수 있다. 꽤 수동적인 인간의 모습이다.

여기에 도파민이 과도하게 늘어나거나 생성량이 지나치면 도파민 중독 증상도 일으킬 수 있다고 했다. 아, 그래서 쇼펜하우어가⋯.

도파민 중독에 대한 정의에 대해도 다음과 같이 덧붙였다. "도파민은 원래 즐거움과 행복을 느끼게 해 주는 역할을 하는 호르몬이지만 과도하게 늘어날 경우에 강박증, 조현병, 과대망상 등을 일으킬 수도 있다. 중독으로 인한 뇌의 변화와 기능 저하 중독으로 반복적인 행동을 하면 뇌도 변화한다."

그렇다. 이 말대로라면 도파민 중독이 인간의 욕망을 더욱 솟구치게 한다는 얘기인데, 이에 대하여 필자가 비약적으로 단정하는 것이라고 평가할지는 모르겠으나 적어도 오늘날 우리가 사는 지구촌이 직면한 여러 가지 문제가 이와 연관이 있다고 보고 있다. 인간의 행동이 불러일으킨 환경 문제들이 도파민 과다 작용에 의해서 생긴 것일 수도 있다는 점이 이해된다. 현대인은 기술의 발전으로 제공되는 다양한 혜택에 힘입으며 비교적 윤택하고 편안한 삶을 살고 있다. 그래서 뇌 공간에 채워야 할 도파민이 더욱 필요하게 됨으로써 결국 자연을 소재로 한 물질들을 더욱 양산해야 하고 그것이 환경의 문제로 발전된다는 인과율에 대해서는 이견이 없다. 뇌는 새로운 자극에 더욱 흥분하기도 하지만 불안을 느끼기도 한다. 이는 뇌가 새로운 영역을 창조하고 새로운 것을 받아들일 때마다 이 감정의 사이클을 반복하기 때문이다. 이런 가운데 나타나는 감정이 어쩌면 우리가 사는 공간에 파괴와 괴멸을 재촉하는 기본 원인이 될 수 있다는 생각이다.

특히 자본주의에서는 경제 지표가 매우 중시된다. 따라서 대부분 '성장'이라는 키워드 속에서 다양한 지표들이 생성되고 있다. 개인으로 보면 구매 욕구와 흥미, 쾌락, 재미 등의 감정적 산물들이 자신의 내재적인 것에 의하지 않고 대체로 외부적 자극에서 비롯되며 자본주의 경제가 주로 이런 자극을 매개로 한 '성장'을 동력으로 삼고 있다. 결국은 이것이 지구 자원 소멸과 형질 변화, 생태계 질서 파괴와 혼돈 등과 같은 비가역적 결과물을 만들어 내고 있는 것이다.

비가역적 결과물을 물질과 정신으로 나눠어 볼 수 있는데 일단 물질 중에는 플라스틱을 들 수 있다. 인간이 플라스틱을 사용한 것은 불과 100년에 지나지 않는다. 고분자 탄소 덩어리로 형성된 플라스틱은 인간의 삶을 질적으로 도와준 것은 분명하다. 하지만 이 새로운 소재는 그동안 자연이 경험하지 않았던 물질이다. 이 물질이 자연과 함께 공존하기 위해서는 자연계로부터 반드시 허락을 받아야 한다. 지구상의 모든 생물은 돌, 흙, 공기, 물이라는 무기물질과 오랫동안 공존하며 생존의 순기능을 이어 왔다. 하지만 과연 플라스틱이 그들과 함께해도 생존에는 문제가 없는지, 길게 보면 생물 진화의 동반 요소로 삼을 수 있는지의 검증도 되어 있지 않다. 더군다나 플라스틱은 고분자 덩어리다. 자연 상태에서는 잘 분해되지 않는다. 다시 말해 플라스틱이 잘게 부서질 때 탄소와 산소 등의 원소 단위로 분해되는 게 아니라 고분자 덩어리가 분자의 크기로 미세화될 뿐이다. 미세화된 고분자가 생태계에 어떤 위협적 요소로 작용할지 아니면 그렇지 않을지 그에 관한 판단도 서 있지 않다. 미세화한 고분자는 눈에 보이지 않지만 자연 상태에 계속 남아서 자연계에 순기능으로 작용할지 역기능으로 작용할지는 아무도 모르는 일이다. 적어도 고분자들이 태양의 영향력 안에 있고 시간이란 변수를 대입하여 환원의 식을 구할 수 있다고 가정할 때 과연 시간의 변수를 1,000년, 2,000년 혹은 10,000년으로 대입한다고 해서 고분자가 탄소나 산소, 질소와 같은 낱개의 분자 상태로 환원할지는 알 수 없는 일이다. 오히려 그 사이에 이에 적응하지 못한 자연계 생명이 멸종하는 사건은 발생하지 않을지, 물론 여기에 인간도 포함하게 될 것이다.

도파민의 결과물, 무엇이 남길래

✶

컴퓨터 게임을 즐기는 것을 상상해 보자. 사람들은 컴퓨터 게임 속 가상공간에서 가상 상대와 결투를 하거나, 또는 프로그램이 제시하는 과제를 풀면서 즐거워한다. 이들은 한껏 기분이 고조되어 흥분 상태에 있다. 이런 현상에 대해서 뇌 과학자들은 도파민 작용과 연결하여 말한다. 그렇게 반복된 흥분은 도파민이 채워지는 뇌 공간의 크기를 확정하게 되고 확정된 뇌 공간은 본래의 자연 상태로 되돌아가려고 할 때마다, 즉 게임을 중단하고 다시금 본연의 나로 돌아가고자 할 때마다 그 유혹과 자극이 고통을 가져오게 만든다고 한다. 이것이 심하면 금단으로 인한 고통으로 삶이 피폐해질 수 있다고도 했다. 만약 윤리관이 뚜렷한 스피노자가 이 세상에 다시 태어나 이런 게임 상품들을 보면서 평가하게 된다면, 그는 아마도 이렇게 말할 것 같다.

"멍청한 이런 악마의 놀이에 놀아나다니."

의지가 강한 사람이 나타나 이런 상황에 빠진 자신을 자각하고는 본연의 자연 상태로 돌아가기를 원한다면 아마도 게임의 습관으로부터 벗어나기 위해서 극기와 각고의 노력은 필사적이어야 할 것이다. 하지만 대부분은 본연의 자연 상태로 행복을 찾아가기보다 도파민 자극으로 넘치는 가상의 세계를 포기하지 않을 것이다. 본연의 자연 상태에 대한 기억과 그것이 좋은 것이라는 막연한 기대들은 도움이 되지 않기 때문이다.

　지금 거리에는 고개를 반 떨군 채로 스마트폰을 보며 게임을 즐기는 사람들로 넘쳐 난다. 자본주의 영향력에 있는 미디어 기업이나 심지어 금융기관도 게임 제작 업체와 손잡고 홍보하는 영상물을 제작해 보급하기도 한다. 마약처럼 중독이라는 표현을 담고 있는 게임 산업이 양지를 지향할 수 있었던 데는 게임이 '효용'의 보급처라고 보고 있기 때문이다.

　한 손은 안전 손잡이를 잡거나 몸을 기대고 다른 한 손으로는 게임을 한다. 늘 위험이 도사리고 있는 건널목이나 길 복판을 걸어갈 때도 게임을 놓지 않는다. 종종 맨홀이나 분수대에 빠져 부상한 사람도 있다. 그렇게 열중하는 게임을 통해서 얻을 수 있는 효용이라는 것이 과연 무엇일까? 필자는 게임을 통해서 사회와 자연계에 내세울 수 있는 유익함이란 게 있는지가 궁금했다. 게임을 하는 사람들의 주장으로는 "정신적 건강에 도움이 되며 아이디어를 제공한다."라는 말로 그 유익성을 설명하지만 그렇다면 마약에 중독된 사람도 그와 유사한 유익성을 내세워 할 말이 있지 않을까?

　혹시 누가 게임이 이 외에도 인간과 자연계에 유익하게 해 주는 것이 훨씬 많다고 주장하는 사람이 있다면 내게 알려 주면 좋겠다. '게임 산업이 사회에 미치는 유익한 영향' 관점을 두고 과학적이고 사회학적인 분석을 통해 논문이나 자료로 자세히 설명한 사례가 있다면 이 또한 알려 주면 좋겠다.

　오히려 게임이 불러일으킨 사회적 문제들이 더 많지 않았던가? 미국이나 유럽 등 총기 소지가 합법화된 나라에서 자주 발생하는 총기

난사 사건과 다양하고 고도로 치밀한 모방 범죄들, 폭력과 폭행, 절도, 사기 등 이런 강력 범죄들이 게임을 통해서 힌트를 얻지 않았다고 어느 누가 장담할 수 있겠는가?

  액션 영화나 블록버스터 영화 중에는 범죄를 다루는 장르가 많고 모방 범죄를 불러일으킬 개연성이 충분한 장면들이 여과 없이 노출된다. 그러나 이런 장면을 자정 장치를 통하여 여과하지도 않는다. 그 이유는 바로 그것이 '효용'을 불러오는 원천이라고 믿고 있기 때문이다. 자본주의 사회의 근본은 '성장'에 있다고 한다. 영화 기획사와 배우, 투자자들이 벌어들이는 돈은 잉여 가치를 창출하니 문제가 되지 않는다. 하지만 그것을 통해 흩뿌려지는 범죄 기술과 이를 통해서 치러야 하는 사회적 비용을 '성장'의 요소로 볼 수 있을까? 아니면 그렇게 양산된 사회적 비용을 방어하기 위해서 창출하는 돈을 '성장'으로 보는 게 맞는가?

게임과 마약 산업에 관하여

✵

　게임 산업은 유해 산업으로 분류되어 있지 않다. 게다가 무익한 산업으로도 취급하고 있지 않다. 그 이유는 이 분야의 매출 규모가 상상을 초월하기 때문이다. 2022년 우리나라 게임 산업 매출은 21조 원이었다. 전 세계의 게임 매출을 집계하면 약 258조 원에 달한다. 이 어마어마한 '성장' 규모가 어쩌면 게임이 유해 산업으로 취급받지 않는 면죄부일지도 모른다. 필자가 면벌부가 아니라 면죄부라고 표현한 이유는 애당초 게임을 죄의 카테고리에서 바라보지 않겠다는 사회적 의도를 너무나도 또렷이 드러내 보이고 있기 때문이다.
　최근에 상상도 못 하는 일이 발생했다. 마약 산업이 그 수익성과 규모 면에서 게임 산업과 견줄 만할 정도로 시장이 커졌다. 마약이 게임과 다른 점이 있다면 게임은 피해의 크기와 형태가 잘 드러나지 않는 반면, 마약은 이용하는 사람은 물론이고 주변 사람들에게 직접적인 피해를 입힌다는 점이다. 그런데 최근 유럽연합(EU) 회원국들이 마약 산업이 사람에게 유해한 영향을 준다는 객관적 사실보다 자국의 경제적 지표를 더 중시하겠다는 의도를 내비치는 정책 발표를 시사했다. 영국을 비롯한 유럽연합 회원국은 대표적인 지하경제인 마약 산업을 GDP 산출 항목으로 포함하겠다는 의지를 표명했다. 범죄 행위로 비롯된 경제 지표들이라 할지라도 돈이 된다면 자신들의 경제 논리에 복속시키겠다는 뜻으로 해석된다.
　그들의 시선은 세상을 고리타분한 윤리적 관점에서만 바라볼 게 아니라 "돈을 불러오는 일이면, 그리고 성장의 관점에서 보더라도 의미 있다면 마다할 이유가 없다."라고 주장하는 것이다. 게다가 GDP의 특성상 사람들은 이 지표가 상승하기를 기대하며 이를 통해서 사람들은 자신의 삶도 더불어서 윤택해지리라는 희망을 품고 성장의 객관적 지표로 활용되는 데 문제가 되지 않는다면 거스를 것이 없다고 주장한다. 만약 단테(1265~1321)가 이 시대에 다시 환생해『신곡(La divina commedia)』을 재창작한다면「인페르노」편에 지옥 한 곳을 추가할지도 모르겠다. 루시퍼와 인간이 영원히 해약할 수 없는 협약을 체결하는 공간에서 말이다.

그렇다면 만약 마약 경제를 GDP에 포함한 상태에서 정부의 잘못된 정책이나 시장의 변화 등으로 인해서 GDP가 위축된다면, GDP를 끌어올리기 위해 마약 산업을 활성화하겠다는 뜻인지, 아니면 더 나아가 정책 입안이라도 하겠다는 뜻인지 속내를 잘 모르겠다. 1840년 영국이 자국 내 무역수지 위기[12]를 탈피하기 위해 중국에 아편을 팔아 발생한 전쟁을 상기해 보자. 그 당시에도 경제 성장을 제일 원칙으로 생각하는 정치인들의 판단 때문에 일어난 전쟁이었다. 앞으로 그와 유사한 분쟁과 전쟁이 일어나지 않으리란 장담을 누가 할 수 있겠는가?

그러나 한편으로는 유럽 국가가 위와 같은 판단을 한 게 가능하다고 보는 것은, 마약 사용을 허용하되 통제된 장소와 제한된 양으로

---

[12] 아편전쟁은 1840년과 1856년 2차례에 걸쳐 영국과 청나라의 무역 불균형의 문제로 일어난 전쟁이다. 차를 좋아하는 영국인이 습성으로 인해서 중국으로부터 수입하는 차가 많아졌고, 이로 인해 은화(銀貨)가 중국으로 일방적으로 유출되는 현상이 발생하게 되어 영국이 다시 은화를 회수하기 위해 청에 아편을 매매한 것이 원인이다.

마약 중독자를 관리할 수 있다는 전제로 허용한다는 점이다. 어찌 되었거나 이 정책을 시행하는 이유도 사회적 통념이나 도덕, 법, 행정부의 강제를 통해서는 도저히 마약을 저지할 수 없다는 판단에서의 궁여지책이었음이 이해된다.

게임과 에너지

✳

　전 세계적으로 게임을 하는 사람들로 인해서 매년 수백조 원의 매출이 발생한다. 그렇다면 게임을 하는 데 전기와 탄소 에너지는 얼마나 필요할까? 게임기를 생산하고 새로운 게임 프로그램을 마구 쏟아 내는 공장과 사무실에서 매일 쓰는 에너지양은 어느 정도일까? 아마도 여기에 사용되는 직간접적인 에너지양은 상상을 초월할 것이다. 게임에 접속된 방대한 데이터 센터의 정보와 시스템 운영에 필요한 에너지 사용량은 직접적 에너지라고 볼 수 있다. 여기에 게임 상황을 구현하기 위해서 쏟아 내는 데이터 센터의 열도 만만치 않아서 열을 식히기 위해서 따로 막대한 에너지가 사용되고 있다. 인도양과 북극해, 태평양 등 바다를 앞에 둔 해안에는 데이터 센터가 설치되어 있다. 그 이유는 데이터 센터에서 발생하는 열을 식히기에 유리하기 때문이다. 그 바다에는 아주 오랫동안 해양을 지키며 생존하는 생물들이 있다. 어류와 플랑크톤, 미역, 켈프, 산호초, 말미잘, 이들이 생장하는 터전이기도 하다. 그곳이 가뜩이나 요즘 수온 변화로 인하여 생존을 위협하고 있는데 데이터 센터에서 뿜어져 나오는 열기가 여기에 보태고 있다. 해양 수온이 올라간 게 데이터 센터에서 발생한 열 때문이라 단정할 수는 없지만, 의미를 축소할 일도 아니라고 생각한다.

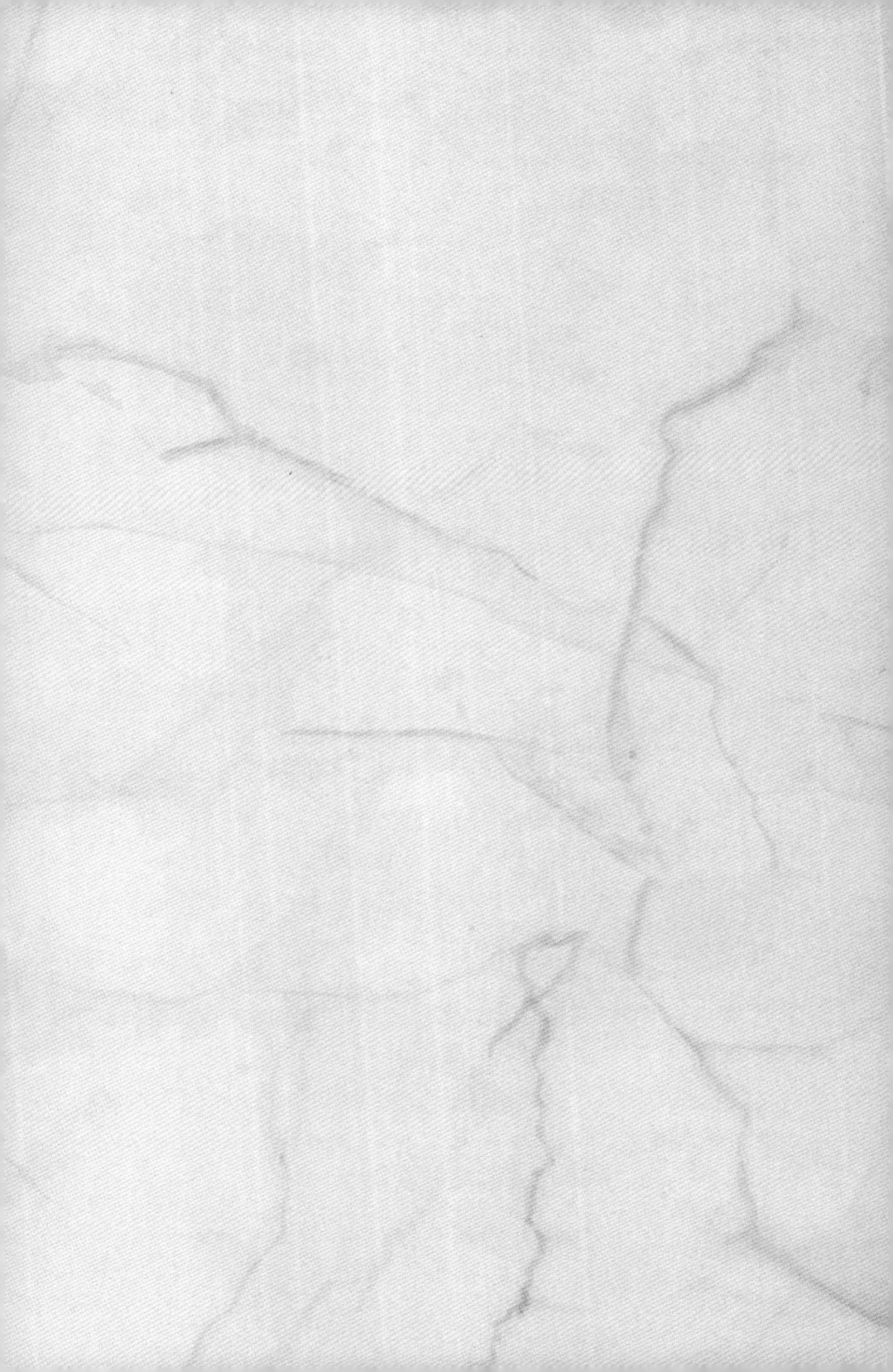

II

역사 그리고 종교

분노를 대하는 태도에 따라

✹

　분노에 관해서 로마의 두 역사적 사실을 가지고 후대 역사에 어떤 영향을 미쳤는지 비교해 보겠다. 한 사건은 화해와 평화라는 태평성대로 이어졌고 또 한 사건은 왕조의 멸망을 불러왔다. 두 사건 모두 시작은 분노였고 원인은 배타적 의식에 있었다. 하지만 역사적 결과는 극명하게 차이가 났다. 이런 차이를 있게 한 원인이 무엇이었는지 살펴보자.

　고대 로마가 라티움이라는 나라를 건국하고 자신들이 정복했던 부족들 대부분이 민족적 기원과 혈통 관계가 다르지 않다는 데에 행운이 있었다. 어찌 보면 정복자와 피정복자 모두 먼 옛날 그리스인의 직계 후손이었기 때문이다. 그리스 법에 따라 장자에게만 재산 상속이 이루어졌던 조례에 따라 차남 이하의 자식들이 고향을 떠나 새로운 땅을 개척해야만 했던 시절로 거슬러 올라가면 이들의 족보 관계가 연결된다는 얘기다. 그런즉 이들의 혈통은 서로 친척인 경우가 많다. 물론 에트루리아인과 사비니와 같은 원주민도 있었지만, 대부분 이들은 아주 오랜 시간이 지나 전장에서 상봉한 것과 다를 바 없었다.

　라티움 남성들에게는 여인이 부족했다. 이 부족한 여성을 채우기 위해 이웃한 나라의 여인들을 납치했다. 그중에서 사비니 여인들이 가장 많았다. 사비니 남성들은 자신과 결혼할 여인들을 빼앗겨 분노했고 사비니와 라티움 사이에 전운이 감돌았다. 하지만, 사비니 여인들이 중재에 나서면서 전쟁의 확산을 막았다. 사비니 여인들이 전쟁을 막아선 이유는, 처음에는 라티움의 남성들이 폭력적이고 강압적으로 자신을 납치해 간 것에 분개했지만 이미 시간이 흘렀고, 그 사이에 라티움 남성들은 자신의 배우자로 되어 있었으며 게다가 둘 사이에 자식들이 태어났다. 라티움의 가정에서 두 부족의 혈연적 뿌리가 시작되었다. 이때부터 사비니 여인들에게서 원한의 감정을 찾아볼 수 없었으며 여인들의 마음속에는 자신의 부족을 위하는 책임의식보다는 가정을 지키겠다는 사명이 더욱 중요해져 있었다.

또한 사비니 여인들은 자신의 부족과 라티움이 서로 사돈지간이라는 연대로 형성되어 있다는 것을 두 부족의 남성들에게 인지시켰다. 그리고 "우리는 모두가 커다란 가족 울타리에 있다."라는 점을 강조하며 이들에게 깨우침을 주었다. 바로 모성과 지아비에 대한 신뢰와 사랑의 감정을 이용해 으르렁대는 사비니 남성들의 생각을 바꿔 놓았던 것이다. 그 이후 라티움에서는 사비니 여인들을 일컬어 로마 공동체를 위해 자신을 희생한 위대한 어머니로 칭송했다. 라티움과 사비니족은 소수의 민족이었기 때문에 이들의 통합과 결속은 배타적인 관계에 있을 때보다 훨씬 이득이 된다는 것을 알았다. 별개의 이야기지만 이 역사적 관점은 오늘날 국가가 이민족의 유입을 장려하는 이유와 맞물리고 있음을 시사한다.

또 다른 역사에 대해서 이야기해 보겠다. 기원전 509년, 로마가 하나의 사건에 휩싸여 정치 체제가 갑작스러운 변화를 맞이하게 된다. 바로 전설적인 여자 영웅 루크레치아의 갑작스러운 자살 사건 때문이다. 귀족의 품위를 지키며 아름다운 외모를 늘 가꾸었던 여인

루크레치아는 귀족 가문의 유부녀였다. 당시 로마 왕 타르키니우스의 아들 섹스투스는 루크레치아의 아름다움에 반하여 호시탐탐 그녀를 노리고 있었다. 어느 날 그녀의 남편이 집을 비운 사이에 섹스투스는 몰래 그녀의 침실로 침입해서 칼로 그녀를 위협하며 몸을 겁탈했다. 이도 모자라 섹스투스는 자신이 저지른 강간 사실을 외부에 발설하지 못하게 '노비와 간통한 여자'라고 소문을 퍼뜨리겠다고 협박했다. 치욕을 참지 못한 루크레치아는 결국 스스로 목숨을 끊었다. 이때 그녀가 남겼던 유언은 "나를 강간한 사람을 반드시 복수해주오!"

이 사건을 발단으로 로마 왕정을 향한 반정이 시작됐고 얼마 지나지 않아 로마 200년 왕정 시대는 몰락했으며 이 이후에 로마는 공화정(共和政, Res public)이라는 새로운 정치 체제가 수립되었다. 한 여성의 순결을 앗아 간 사건, 여인의 분노로 촉발된 이 사건은 순식간에 어마어마한 파장을 불러일으켰으며 로마를 순식간에 혼돈 상태로 몰아갔다.

그녀의 죽음이 예기치 않은 뜻밖의 사건에서 시작된 것이라고 보지 않는다. 흉흉한 정치적 상황들과 주변 사람들의 일관된 반응, 권력자의 도덕적 해이, 여자와 사회적 약자들에 대한 사람들의 의식과 태도, 이런 사회적으로 크고 작은 악재와 문제들이 켜켜이 쌓이면서 어떤 단발적 원인이 트리거(Trigger)가 되어 발생한 것으로 보고 있다. 그래서 어떤 사건이 혁명으로 이어질 때는, 사회적, 정치적 염원들이 불만의 본질로 나타나게 되고 이런 불만은 결국 커다란 분노로 발전하게 된다. 분노가 쌓여 사람들 사이로 파고들면 공동의 분노로 변하게 되고 그 수위가 순식간에 격상되기도 한다. 그것이 임계점에 다다랐을 때 사회적 의지가 외부에 표출된다.

역사적으로 볼 때 단독으로 일으킨 사건이 사회 전체와 정치 체제를 전복하는 일은 거의 발생하지 않았다. 왜냐하면 단독으로 발생한 사건이 모든 사람의 염원이었고 불만의 본질이었는지가 불분명하기 때문이다. 예를 들어 기원전 209년 진나라 국운을 단명케 한 진승과 오광의 분노, 서기 476년 로마(서로마)의 멸망을 가져오게 된 훈족의 침략과 친위 대장 오도아케르의 배신, 1388년 고려의 멸망을 가져오게 한 위화도 날씨와 이성계의 분노, 1588년 칼레 해전 전투에서 보여 준 스페인 군대의 배신과 영국인의 분노…. 이런 사건은 대개 사전에 어떤 결말을 유인(誘因)한 이유가 분명하고 또 사건 속에 명분과 개연성을 충분히 내포하고 있기에 혁명을 불러왔다.

자연의 분노 역시 마찬가지다. 이 분노 역시 단순히 하나의 현상에서 비롯해서 표출되지 않는다. 인간이 자연을 분노케 하는 원인들을 지속해서 제공하고 그 명분과 개연성도 충분하게 내포하고 있을 때 밖으로 발현된다. 달리 말하자면 지금까지 나타난 자연의 분노는 대개 인간 활동에서 비롯된 것이다. 예를 들면 지구 표면의 평균 온도가 200년 전에 비해서 1.1℃ 상승한 것은 식물이 광합성을 위해 흡수하는 온실가스 양보다 인간의 활동으로 배출하는 온실가스가 더 많아졌기에 지구가 이를 자기 방식대로 해소하는 것이 우리에게 자연이 분노하는 모습으로 비치는 것이다. 그렇다면 자연과 인간이 전쟁 직전에 화해할 수는 없을까? 방법은 한 가지, 양보다. 라티움에 대한 사비니족의 분노를 멈추게 한 것이 양보에 있었다. 서로 평화롭게 공존하기 위해서는 양측이 한 발짝씩 양보해 줄 것을 바라는 것이 아니라 한쪽의 일방적이고 무조건적 양보다. 자, 우리와 자연과의 관계에서도 이 화해의 방법이 적극적으로 필요한 것이다. 우리가 자연을 향해 "미안하지만 늘 그래 왔듯이 한 번 더 양보해 달라."라고 요청하면 이미 자연은 인간을 위해 수없이 양보했고 지금은 거의 분노가 폭발 임계점에 도달했는데 자연이 양보할 여력이 있겠는가? 지금은 인간이 무조건 양보할 때다. 기술도 인간의 풍요를 위해 지향하기보다 온전한 자연법칙을 지향하는 쪽으로 바뀌어야 한다. 이젠 달리 방법이 없다. 인간이 만든 플라스틱은 인간의 생활에 혁신적으로 도움을 주었다. 하지만 그 부담은 고스란히 자연이 안고 간다. 자연이 이를 분해할 수 있는 능력이 부족하거나 불가능할 때 우리뿐만 아니라 자연의 모든 생명에게 악영향을 주게 될 것은 명약관화하다. 이제 우리는 플라스틱과 같이 인간 편의를 도모하는 물건과 원료들을 개발하고 생산하는 데 집중할 것이 아니라 우리 생활이 조금 원시 사회의 모습으로 돌아가는 일이 발생해도 이제는 인간이 불편을 감수해야 할 차례다.

라플라스적 상상 1

✹

  라플라스는 미래에 대한 예지력을 과학적으로 정립하려고 시도했던 최초의 인물로 평가된다. 하지만 그의 주장은 뉴턴 물리학을 맹신한 데서 시작된 섣부른 판단이었고 물리학에 대한 지나친 기대감에 부풀어 사람의 미래도 운동의 법칙으로 밝힐 수 있다고 과신한 역사적 해프닝이라고 볼 수 있다. 오늘날 그의 주장은 자연계에서의 운동 법칙을 사람들의 미래에 적용하면 미래의 일도 밝혀 줄 수 있을 것이라는 희망을 안겨 준 적이 있었지만 한마디로 언어도단이었다.

  하지만 그의 주장이 상징하는 바가 있다. 결국 인간은 그때나 지금이나 대부분 자신의 미래를 밝혀낼 정보를 끊임없이 갈망하고 궁금해하고 있다는 것이다. 자신의 미래를 천운에 맡겨야만 한다든지 점괘를 보며 미신 따위에 의존하는 이른바 샤먼 숭배에 쉽게 빠지는 존재라는 사실에도 직면해야만 한다. 작은 단서일지라도 자신의 미래에 관한 것이라면 누구나 그것이 확실한 행동 유발 요인이 되고 운명을 가늠할 계시로 믿게 된다는 것이다.

  과학이 합리적 측면에서는 예지력에 관하여 두 가지를 확고하게 정리했다. 첫째는 사람의 미래가 '예기치 않은 사건의 개입'으로 인해서 판도가 확 변할 수 있다는 것이다. 이것은 외부의 돌연 변수가 뜻밖에 개입해 일으키는 사건으로, 인생 주변에 순응하고 있던 여러 사건의 조합에 어떤 파열이 일어나 불러일으킨 사건으로 예기치 않게 자신의 미래가 전개되는 경우이다. 둘째는 이와 반대로 미래가 현실이 되는 그 순간까지 차곡차곡 쌓여 누적된 사건들의 관계가 직관과 경험, 기획된 프로그램 등에 의해서 상호작용을 하고 또 거기에 순응하는 경우다. 이런 경우에서는 현재에서 가까운 미래일수록 비교적 선명도가 높게 나타날 수 있다. 크게 보면 역사는 이 두 가지 관점에서 시간을 이어 가는 서술(해석) 과정이라고 말할 수 있다.

영국의 역사학자 에드워드 카[13]는 "역사란 '어떤 일'에 대한 기록이라기보다 어떤 일을 기록한 자료를 '어떻게 볼 것인가'에 대한 해석의 문제다."라고 말했다. 기록은 사건을 다루고 사건은 역사를 형성하거나 규명하는 과정으로, 이 시대에 통용하는 인생의 방정식으로 풀이가 가능한 삶의 이야기다. 지난 역사를 통틀어 봐도 선과 악의 문제가 불변의 법칙과 고정된 질서에 있지 않았다. 오히려 선과 악을 규정하는 그 시대의 연산 법칙만이 존재했을 뿐이다. 그런 까닭에 역사는 현재의 시점과 현재의 시각에 의해서 해석된다.

예기치 않은 사건으로 말미암아 한 시대의 미래가 송두리째 확 바뀌어 버린 경우를 예로 들어 보자. 로마를 창건한 인물이 늑대의 젖을 먹고 자라났다는 주장과 트로이 전쟁에서 패하고 탈출한 한 가족의 이야기라는 주장 모두 역사적 사실인지는 확인할 길이 없지만, 라티움이라는 국가가 기원전 753년에 창건되었다는 데는 합의했다. 역사는 합의와 대화로 결정되며 시대에 따라 그것이 달라지기도 하는 것이다.

하나의 국가가 탄생한 배경에 창업자가 누구인지, 누구의 자손인지, 어떤 인물이었는지 그 계보가 어떤 역사적 사실에 기반하고 있

---

[13] 에드워드 카(1892~1982), 영국의 역사학자. 그의 대표적인 저서로 『역사란 무엇인가』가 있다.

는지도 중요시된다. 로마를 창건한 인물이 트로이 전쟁에서 패하고 이주한 트로이인의 후예라고 말하는 어떤 시인[14]의 역사관이 새롭게 조명된 이유도 트로이 전쟁이 실제로 일어났던 사건이었음이 고고학적으로 입증되었기 때문이다.

오히려 우리가 익히 많이 알고 있는 로마 창업자 로물루스에 관한 이야기는 우리나라의 고조선 웅녀와 단군과 같이 설화적 인물일 가능성이 크다. 그가 늑대의 젖을 먹고 자랐다는 이야기는 단군신화에서 웅녀가 마늘만으로 버텨 사람이 되었다는 이야기와 맥락이 비슷하다. 게다가 두 설화에는 상징적인 동물들이 등장하고 있으며 인간보다 신성시되고 있다. 즉, 이 동물들은 위인의 존재를 식별하는 아이콘일 뿐만 아니라 창업자의 의지에 적극적으로 동조하는 세력으로도 활약한다. 로물루스의 죽음 또한 단군처럼 신비에 가려져 있다. 어느 날 그는 홀연히 구름에 휩싸여 사라졌다(또는 하늘로 승천했다)고 한다.

로마 창업의 이야기를, 로마 시대 한 시인의 서사시 속으로 들어가서 살펴보자. 이 시 속에서는 로마 창업의 시작이 트로이가 그리스 연합군에게 멸망한 것에서 기인했다고 말하고 있다. 여기서 우리가 한 가지 가정해 볼 일은, 우리에게 이미 알려진 트로이 전쟁의 결과가 바뀌었다면, 다시 말해 "트로이 군대가 그리스 연합군을 무찔렀다면 역사는 어떻게 되었을까?"

이와 유사한 궁금증들은 우리가 살면서 수없이 많이 해 보는 가정이다. 예를 들면, '사랑했던 그 사람에게 하필 그때 그런 말을 내가

---

[14] 베르길리우스는 로마 창업자가 아이네이스의 16대손이라고 이야기하고 있다.

왜 했을까?' 또는 '만약 그 말을 그때 하지 않았다면, 그녀와 나는 지금 어떤 관계를 유지하고 있을까?' 이런 질문들이다. 그 외에도 '입사 원서를 A 회사에 제출하지 않고 B 회사에 제출했다면 나는 어떤 생활을 하고 있을까?'라든지, 아니면 'L 회사 주식을 사지 않고 S 회사 주식을 샀다면….' 이런 가설들은 확률과 관련한 가정으로, 자신의 선택에 따라 미래가 어떻게 결정될지 궁금할 때 자주 해 보는 생각이다. 특히 선택을 잘못하여 후회할 때는 더욱 그러하다. 이런 걸 '기회비용에 대한 애착'이라고 해 두자.

'트로이의 왕자 헥토르가 신이 내린 죽음의 운명을 극복하고 그리스의 영웅이며 바다 여신의 아들인 아킬레우스를 결투에서 무찔렀다면 과연 오늘날 로마는 어떻게 되었을까? 로마(엄밀히 말해 서로마)가 천 년의 찬란한 영광으로 번성할 수 있었을까?' 이런 궁금증들은 우리들의 호기심을 자극한다. '하나의 사건이 우리가 이미 알고 있는 역사의 전개 방향을 배반하고 전혀 예상치 못한 다른 방향으로 전개되었다면….' 이러한 가정은 실로 많은 추측을 불러일으키며 우리의 흥미를 자극한다. 그 추측 뒤로 벌어질 무한한 이야기들이 생성되고 연대별로 색다른 가정들을 만들어 내기도 한다. '만약 그때 우리가 이랬더라면 또는 저랬더라면….'이라는 가정을 통해서 상상해 볼 이야기들이 무궁무진하다는 뜻이다.

그리스가 퍼하고 트로이가 승리했다면, 헥토르의 칼에 아킬레우스의 목이 잘리고 그리스 진영에 그의 목을 걸어 놨다면, 서양 역사가 '그리스와 로마를 중심으로 발전할 수 있었을까?'라는 상상도 가능케 한다. 만약 그랬다면 튀르키예 북서쪽의 해안 도시와 그 도시와 동맹 관계에 있는 여러 국가가 지중해를 장악했을 것이고 그 영향력 아래에서 서양 역사가 발전했을 가능성이 있다. 그곳은 오늘날 동쪽에는 이라크, 서쪽으로는 이스탄불, 남쪽으로는 바레인과 시리아를 가까이에 두고 있다. 즉, 메소포타미아 문명권이다. 그 전쟁이 발생한 시기[15]에 그 지역에는 수메르인 후예였던 히타이트가 번성했다. 히타이트 제국은 인류에 철기를 보급한 민족이다. 이 민족의 전투력이나 정복 열망은 자연히 자신들의 조상 수메르인의 피를 물려받았다. 그들은 그리스가 패망한 이후 지중해를 연안으로 두고 있는 나라를 가만히 놔두지 않았을 것이다. 수메르인의 전투는 대부분 단순한 무력 충돌로 이어진 것이 아니라, 문명의 발전과 국가의 성장, 권력 구조의 변화를 이끈 핵심 동력이었기 때문이다. 게다가 문명 기원점을 '그리스 신화'가 아니라 '길가메시 신화'로 전개했을 것이며 오늘날 우리에게는 길가메시 신화가 그리스 신화보다도 더욱 잘 알려져 있을지도 모른다. 더욱이 동쪽에 있는 나라들과 거리가 가까웠으므로 정복 사업이든 문화 교류 사업이든 그리스나 로마보다 지리적으로 훨씬 유리했을 것이다. 서양의 글자가 페니키아인들이 사용했던 알파벳에 기원을 두지 않고 설형문자 또는 그것의 발전으로 만들어진 글자가 기원이 되었을 수도 있다. 건축물도 대리석과 같은 돌로 만든 그리스 양식이 보편화되지 못했을 것이다. 오히려 공중정원이나 바벨탑, 신의 제단인 지구라트와 같은 건축물에 사용했던

---

[15] 트로이 전쟁이 BC 13C 그리스와 메소포타미아 문명 사이의 전쟁임을 감안하면, 그리스인들이 소아시아 지역을 얼마나 침략했는지 보여 주는 역사적 기록이라고 할 수 있다.

벽돌이 유럽 건축의 주재료가 됐을 수도 있다. 그들은 벽돌의 생산성을 높이기 위해서 이스라엘 민족을 송두리째 잡아갔듯이 다른 민족도 이 정책을 확장했을 수 있으며 승자의 문화 계승 법칙을 따르게 하고 승자가 이룩한 역사적 규칙을 더욱 공고히 하려고 했을 것이다. 자신들의 막강한 군사력으로 인접한 국가들을 침략하는 빈도가 높았을 것이며 이는 알렉산드로스 대왕과 대적하며 저항했던 다리우스 2세나 그 이전에 다리우스 1세와 그의 아들 크세르크세스가 보였던 호전적인 기질들을 짐작해 볼 때 상상할 수 있는 모습들이다.

 메소포타미아인들의 성향상 동서를 잇는 무역로를 생각하지 못했을 수도 있다. 그들은 오로지 전선의 확대만을 꾀하고 국토를 확장하며 노획한 전리품의 소유권을 차지하기 위해서 온 힘을 쏟아부었을 수도 있다. 특히 헥토르와 아킬레우스가 맞붙어 싸웠던 지역이 히타이트인들이 지배하고 있던 영토에 포함되어 있었고 따라서 그들의 세력이 영향을 미쳤을 것이다. 앞서 설명한 바와 같이 히타이트인들로부터 철제 무기가 만들어졌고 이 무기는 무척 단단하고 예리하여 전쟁터에서 싸울 때 매우 유용했기 때문에 주변 국가를 복속시키는 과정에서 이 무기들은 엄청난 효과를 발휘했을 것이다. 카르타고인은 그들의 후예다. 그들은 조선 기술이 발달했고 다른 나라가 만들었던 전투선보다도 전투에 강했다. 그래서 지중해는 이미 동쪽의 민족에게 완전히 점령되었을 것이고 그리스인의 후예 로마는 더는 기를 펴지 못하고 그들에게 복속이 되었을 것이다.

 약 100년 동안 세 번에 걸쳐 싸운 포에니 전쟁에서 지중해 지배권을 카르타고가 로마에게 굴복당하며 빼앗기는 일도 없었을 것이다. 왜냐하면 아이네이아스는 트로이를 더욱 번성시켰을 것이고 그가 굳이 그 머나먼 라티움까지 찾아가 나라를 창업하지는 않았을 것이기 때문이다. 옥타비아누스가 자신의 이름까지 바꾸어 가며(훗날 아우구스투스로 불리는 황제가 옥타비아누스다) 지키고자 했던 로마 황제의 자리도 생기지 않을 수 있고 이탈리아 현대사의 오점으로 인식되고 있는 베니토 무솔리니(1885~1945)가 지난날 로마 시대의 부흥을 꿈꾸려는 이유로 무모하게 아프리카 대륙을 침략하여 전쟁을 벌일 일도 없었을 것이다. 특히 역사학과 사회학, 통계학, 심지어 컴퓨터에 사용하는 용어들도 그리스 문학에서 비롯되지 않고 메소포타미아 문학과 길가메시 신화에서 따온 용어들로 세상을 도배했을지도 모른다.

　이런 상상은, 트로이가 유럽과 아시아에서 우뚝 선 위상을 과시했을 때의 일이다. 다시 말해 '헥토르와 아킬레우스의 결투에서 결정적인 순간에 헥토르의 칼이 먼저 아킬레우스의 급소를 찔렀다면'이라는 가정을 통해서 유추해 볼 수 있는 상상들이다.

　이런 상상은 어떤 전제 조건에서 무언가 바뀌게 되면 역사 전개가 바뀔 가능성도 존재할 수밖에 없게 되는데 전제 조건이 바뀌게 되면서 세상 사람들의 의지와 욕망이 역사를 어느 방향으로 인도할지 아무도 모르기 때문이다. '만약'이라는 단서를 붙인 이야기들 대부분은 현실과 비껴 있지만, 역사의 큰 전환점이 될 수도 있을 그 지점의 개연성을 중시한 시각에서는 가능한 상상이다. 그래서 과거의 한 지점의 사건을 변형하여 종종 화젯거리로 만드는 걸 우리는 즐겨하기도 한다. 이처럼 추론적 역사에서 자주 등장하는 인간의 본성은 감정이다. 감정이라는 에너지는 사람들 사이에서 기획적이고 체계적인 행동을 유도하지 않는다. 오히려 확률적 직관과 사건들 속에서 에너지를 찾는다.

라플라스적 상상 2

✷

　다시금 원래의 고전을 중심으로 돌아가서 로마 왕정을 생각해 보자. 이제는 두 번째의 가정을 통해서 고대 로마를 생각해 보겠다. 그리스 연합군에 패배한 트로이 왕족 아이네이아스 가족은 트로이에서 탈출할 수밖에 없었다. 용맹한 장수라면 자신의 조국 트로이를 지키기 위해서라면 목숨을 걸고 싸워야 하는 게 의무다. 하지만 아이네이아스는 저물어 가는 트로이를 이제는 버리라는 조상의 예지몽을 꾸게 된 이후에 그 땅에서 탈출해야 한다는 것을 숙명으로 받아들였다. 새로운 땅을 향해 떠나야 하는 것은 수년에 걸친 기나긴 장정이었다. 그 사이에 카르타고의 여왕 디도와 염문을 뿌리기도 했다. 하지만, 그들의 사랑이 후대 역사를 잇게 해 줄 맥락이 되지는 못했다. 아이네이아스는 예지몽을 통한 자신의 과업이 디도와 사랑을 이루는 것보다 소중했기 때문이다.

　신성시되고 격식과 위엄을 갖춘 설화나 역사에서 빼놓지 않는 소재가 있다. 대표적인 것이 영웅을 상징하는 동물의 등장과 예지몽이다. 물론 종교도 마찬가지다. 아이네이아스 앞길에는 헤쳐 나가야 할 고난의 바닷길이 도사리고 있었다. 아이네이아스가 겪어야 할 고난은 『일리아드』의 주인공이 겪는 고난과 유사하게 전개되었다. 이것은 곧 아이네이아스 또한 그에 못지않은 영웅임을 베르길리우스가 의도적으로 드러냈던 것이었다.

　로마는 그리스인들의 정치와 법질서를 무시했지만, 문학과 예술은 무시하지 않았다. 로마는 칼로 시작된 역사 위에 세워졌다. 따라서 로마 창업을 그럴싸하게 포장할 수 있는 신화와 이에 관한 스토리텔링이 부족했기에 베르길리우스는 그리스 문학을 최대한 이용했다.

아이네이아스는 우여곡절 끝에 라티움에 도착했다. 그러나 도착한 땅은 이미 다른 민족이 차지하고 있었다. 어느 나라를 막론하고 자신의 영토를 무단 침입하면 예나 지금이나 심각한 문제를 일으켰고 침략하는 쪽과 방어하는 쪽의 결투는 예고된 것이나 다름없게 된다. 이미 주인이 있는 땅이어도 어느 조상이 꿈속에서 나타나서 "'이 땅은 약속되지 않은 자의 땅이 아니라 너와 너의 자손들의 땅이다. 약속되지 않은 자들을 죽여라.'라고 예언하자 그들의 땅이 되었다."라는 논리가 통용되었던 시대였다. 이런 시대에서는 곧잘 침략과 침탈이 용기라는 미덕으로 포장되는 게 예사다. 장 자크 루소는 이런 글을 남겼다.

> "어떤 지역에 울타리를 치고 '이곳은 내 땅이다!'라고 선언하고, 사람들이 그 말을 믿을 만큼 단순하다는 것을 안 최초의 사람이, 시민 사회의 진정한 창설자다." - 장 자크 루소, 『인간 불평등 기원론』 중에서.

오늘날에도 이런 사례들이 곳곳에서 드러나고 있다. 어느덧 70년이라는 세월이 훌쩍 흐르기는 했지만, 2천 년이 넘도록 뿌리 깊게 터를 잡아 삶을 영위하고 있었던 팔레스타인인들은 자신의 땅에서 주인이 바뀌게 되는 어처구니없는 일을 겪어야 했다. 유엔에서는 팔레스타인 땅에 관하여 원주민의 권리보다 시온주의자의 조상이 바빌로니아에 통째로 끌려갔을 때 만들어진 구약 성경의 지시를 증거로 채택했다. 아니라면 로스차일드 가문의 재력이었을지도 모르겠다.

그들의 신화에 따르면, 자신을 보호해 주는 불기둥과 시시때때로 비처럼 쏟아지는 식량에 의지하여 40년을 여행한 끝에 도착한 그곳이 신이 선물한 자신들의 땅임을 명시했고 이 논리는 천 년이 넘도록 유럽인들과 아메리카인들, 여기에 유엔이라는 동사무소까지 나서서 1947년 11월 29일 팔레스타인 땅 절반 이상이 시온주의자들의 재산이라고 토지등기부 등록에 협조했다. 이처럼 이스라엘이 역사에서 매몰되었다가 부활할 수 있었던 데는 시온주의자들의 돈과 나치로부터 받았던 핍박, 그리고 세계인의 동정심과 측은지심이면 충분했다.

예측 가능한 사건들은 불현듯이 발현된 의지와 욕망에 기인하지 않는다. 오로지 기획과 정책에 따라 움직이는 인간의 행동에서 구현된다. 지금까지 설명한 역사적 사건은 예측 가능한 미래를 미리 주시하고 공동 전략을 추진한 사례라고 말할 수 있다. 이런 경우는 보통 인간의 감정보다 이성을 중시할 때 발견된다. 이는 그 당시에 이성이 옳고 그름과는 상관이 없이 이성을 통해 합의된 것인가 아닌가에 기원을 두게 되며 감정적이면서 확률에 의존하는 역사에 비해 그 결속력과 연대 의식이 강해진다는 게 특징이라고 말할 수 있다.

파리스가 바라본 아름다움

︎✳︎

아이네이아스는 고유의 전통과 독립된 삶의 방식으로 이미 정착한 민족들의 권리를 중시할 생각이 없었다. 본인들의 기본 성향, 즉 약탈과 파괴, 전리품 쟁취를 목적으로 하는 정복이 유일한 삶의 목표임을 천명했다.

트로이가 멸망하게 된 이유에 대해서 생각해 보자. 목동 파리스는 장차 자신의 조국인 트로이의 멸망을 불러오게 할 것이라는 예언자의 충고에 따라 태어날 때 왕족의 신분에서 평민의 신분으로 강등된 후에 버려진 인물이었다. 파리스의 불행은 그리스 신화의 다른 영웅들이 보여 준 운명의 복선처럼 그 역시 자신에게 들이닥칠 불행에서 벗어나지 못했다. 게다가 평민의 품에서 자란 탓에 그의 눈은 고귀한 것보다 순수한 아름다움에 이끌렸다. 그래서 파리스는 '아름다운 것'에 관한 것을 고귀함, 지혜, 지위에서 찾지 않았고 단순히 눈앞의 '보이는 아름다움'에서 찾으려 했다. 그가 청년이 되었을 때 몸속에서 흐르는 젊은 피가 반응하는 '아름다움'은 여자의 외모였다. 그에겐 고귀한 정조라든가 형이상학적 아름다움(지혜)에 관한 것은 눈에 들어오지도 않았다. 여신 아프로디테는 파리스의 심장에서 외치는 소리를 들었다. 결국 아프로디테의 의도대로 파리스는 눈에 감지된 아름다움에 넘어갔고 결국 황금 사과는 아프로디테의 차지가 되었다.

그녀가 준 선물은 스파르타의 왕비 헬레나였다. 헬레나를 차지한 파리스는 결국 자신의 조국에 재앙을 불러왔다.

10년 동안 치른 전쟁에서 트로이가 패하게 되자 아이네이아스는 트로이를 탈출해야만 했다. 그 이후 우여곡절 끝에 라티움에 도착하면서 마지막 결투가 벌어졌다. 보통은 다른 민족의 영토에 혹시라도 침범하면 "죄송합니다! 주인이 있는 땅인 줄 몰랐습니다."라는 사과부터 해야 하는 게 도리다. 하지만 그는 오히려 그곳을 지키던 장수와 결투를 벌인 후 장수를 무참하게 죽여 버렸다. 결국 아이네이아스는 꿈속에서 나타난 조상과 결탁하여 라티움을 찬탈했는데 이는 로마사 최초로 허구가 현실을 지배한 순간이 아니었을까 생각된다.

조상의 예언에 따라 로마는 계획대로 착착 국가 창업이 완수되었다. 베르길리우스는 그리스 신화의 맥락을 로마 신화의 맥락으로 옮겨 자신들의 문화로 만들었다. 그렇게 해서라도 로마 창업의 명분으로 삼으려 했던 것에는 이웃 나라 문명의 힘에 편승해서라도 자신들의 역사적 근원을 확보하려는 열망에 기인한 것으로 보인다. 오늘날의 기준으로 보면, 이와 같은 베르길리우스의 행동은 저작권 무단 사용자라는 오명과 함께 신화 왜곡에 대한 명예 훼손죄를 면하지 못할 것이다. 하지만 그때는 그야말로 '옛날 옛적에 호랑이가 담배 물던 시절'이었기에 가능했던 일이다.

파리스, 그가 자기 민족의 운명과 직결된 단 한 번의 선택적 판단이 그의 눈에 착상된 여인의 아름다움에 가려져 있었다. 여인의 아름다움은 파리스의 뇌에 흥분을 유도하는 호르몬 물질을 끊임없이 제공했으며 여인을 향한 환상은 죽음과도 맞바꿀 수 없는 사랑의 묘약이라 믿었다.

허락된 이민족, 정복의 이름으로

✳

　라티움 건국은 처음에는 순조롭지 못했다. 인구는 부족했고 게다가 이방인이라는 호칭에는 여기에 '침략자'라는 별칭이 덧붙는 까닭에 주변의 여러 부족과 수없이 싸워야만 했다. 라티움이 군사력으로는 어느 정도 안정되었지만, 영토 확장 정책을 전개하는 과정에서 해결해야 하는 난제들이 기다리고 있었다. 그중에서 오늘날 우리의 문제와 비슷한 고민을 그들도 안고 있었다. 바로 인구 부족의 문제다. 이는 초창기 라티움이 직면한 절박한 과제 중에 가장 먼저 해결해야 할 난제 중의 하나였다. 인구는 한 나라의 생산력을 결정하는 요소일 뿐만 아니라 적의 침입을 자력으로 방어하는 힘의 원천이기도 했다. 이들에게 인구 부족 현상이 나타난 이유는 자식을 낳아 기를 가임기 여성들이 부족했기 때문이다.

　'프롤레타리아'의 어원인 프롤레스(Proles)는 라틴어로 '자식을 낳아 기르는 자'라는 뜻이다. 가진 것 없고 미약한 권력층에 있는 사람이라 할지라도 자식을 낳는 것만으로도 존중되어야 한다는 뜻으로 투표권을 주었다. 즉, 자식을 낳아 기른다는 것은 국가 유지와 발전에 기여한다는 뜻에서 이들에게 국가 정책 참여 기회로 하나의 표가 배당될 정도로 국가적 주요 사안이었다. 신분의 귀천과 관계없이 인구를 늘리는 일에 이바지한다면 이 또한 국가를 안정시키는 행위로 보고 존중했다.

　라티움은 인구 감소 문제를 해결하기 위해 이웃 사비니 여인들을 납치하기로 결심한다. 라티움 정부에서도 남자들이 이웃 부족의 여인을 납치하는 행위를 암묵적으로 용인했다. 라티움이라는 나라의 국가적 기강은 정의(VIRTUS), 신뢰(FIDES), 경건(PIETAS), 신중(GRAVITAS), 그리고 위엄(DIGNITAS)이라는 정신에 있었기 때문에 이런 행동 자체가 용납되는 것은 아니었다. 하지만 인구 부족 문제는 당장 나라가 멸망할 수도 있는 위급 사항이었기 때문에 그들의 기강은 잠시 수면 밑으로 감춰야만 했다. 국가가 비윤리적이고 비도덕적인 문제로 이웃 나라로부터 원망과 비난을 받을지언정 국가의 존립을 영위할 수 있느냐 없느냐의 문제보다 그것이 더 시급한 상황은 아니었다.

인구 불균형 문제 때문에 고민에 빠진 나라들이 있다. 오늘날 가장 심각한 나라가 대한민국이다. 2021년 기준 OECD 국가 평균 합계 출산율[16]이 1.51명이다. 이스라엘이 2.89명으로 가장 높고[17] 대한민국 0.78명으로 가장 낮다.[18] 이에 따라 정부 정책들을 시행하면서 인구 구조의 불균형을 바로잡고자 노력하고 있다. 하지만 한편에서는 인구 부족으로 드러난 곳을 메꾸기 위해서 대책 없이 외국인 유입을 허용하거나 국제결혼을 통한 다문화 가정을 장려하고 추진하게 된다면 경험하지 못한 문제들이 여기저기에서 발생할 수 있다. 문제는 당장 보이는 현상에만 있지 않기 때문이다.

---

[16] 여성 1명이 평생 낳을 것으로 예상되는 자녀 수.
[17] 이스라엘의 높은 출산율은 가족 중심 문화가 강하고 양성평등 정책과 출산 지원 정책이 조화를 이루기 때문이라고 보고 있다.
[18] 2022년 경제협력개발기구(OECD) 보고서.

예컨대, 전통적으로 단일 민족을 중심으로 구성된 국가와 여러 민족을 흡수한 합중국 간 견지하고 있는 국가 의지와 인식의 차이일 수도 있겠지만, 오랜 시간 자신의 영토와 혈통을 수호하며 국가의 정체성과 경제적 자주성을 확보해 왔던 나라는 합중국과 같은 나라가 추구했던 인구 확보 수단들을 채택했다가는 자칫 재앙을 불러올 수 있다. 원주민이 허락한 사실은 없지만, 1620년 자국 내 종교적 핍박을 피해서 메이플라워호를 타고 온 102명의 청교도가 매사추세츠에 플리머스 공동체를 구성한 것이 지금은 북미 대륙의 주인으로 자리 잡았고 18세기 산업혁명 이후 넘쳐 나는 죄수들을 감당하지 못해 오스트레일리아에 격리 감금한 정책으로 지금은 그 죄수들이 그 땅의 토지등기부상의 지주가 되었다.

이와 반대로 원주민의 완강한 반대에도 불구하고 고유의 민족이 정착하고 있는 곳에 다른 민족이 유입되어 사회적 충돌과 혼란을 발생시킨 사건들이 있다. 티베트에는 오래전부터 그 땅에 정착해 살아왔던 원주민이 있다. 장족으로 불리는 민족이 이들이다. 17세기 말 청 황제 강희제에 의해서 이들의 영토가 청에 복속되었다. 그 이후 티베트는 독립 국가로 인정받지 못하고 있다. 게다가 중국은 티베트가 수자원의 보고라는 이유로 그들의 분리 독립을 강하게 억제해 왔다. 내몽골 자치구는 1945년 이후 내몽골 인민공화국이 잠시 수립되었으나, 소련과 중국 공산당의 이해관계로 인해 해산되었다가 자치 정부로 전환되었다. 그 이후 1947년에 중국의 일부가 되었다. 또한 신장 위구르 자치구라 불리는 곳은 1759년 건륭제가 점령했다. 처음에는 '문화 다원주의적 접근'을 취하며 이곳을 토착 관리들을 통해 간접적으로 통치했지만, 훗날 한족 이주를 장려하는 '정착형 식민주의' 정책을 펼치면서 거의 절반에 가까운 민족이 한족으로 채워졌다. 이 지역은 중국 정부에 의해서 정치적, 문화적, 종교적(특히 이슬람 종교)으로 강하게 탄압받고 있는데 그 이유는 석유와 천연가스 등 자원이 풍부하고, 주변에 러시아를 비롯한 8개국과 국경을 맞대고 있어서 중국 관점에서는 전략적 요충지로 여기고 있기 때문이다. 원래 원주민의 영토였음에도 그들의 자주권이 허용되지 않는 이유는 유민이 한번 차지한 땅에서의 권리와 이익을 포기하지 않기 때문이다.

중국은 전략적 요충지로 여기는 곳에는 여지없이 독특한 정책을 시행해 왔다. 바로 한족을 의도적으로 그곳에 이주시키는 것이다. 의외로 이 방법은 매우 간결하면서도 강력하여 효과가 있었다. 현재 내몽골 자치구에는 몽골족 인구가 17%에 불과하고 나머지는 거의 한족이 차지하고 있다. 신장 위구르는 1949년 6%에 불과했던 한족이 2000년에는 40%가 넘어섰다. 전통적으로 살아가는 투르크계 원주민과 맞먹는 숫자다(2024년 기준으로 신장 위구르에서 사는 투르크계 원주민은 45%로 집계됐다). 티베트에는 내몽골 자치구나 신장 위구르처럼 한족 유입률이 그다지 높지는 않으나 현재 그곳에 사는 주민 중 6.1%가 한족이다. 이런 전략은 민족의 경계를 뭉개 버리는 데 매우 효과적이었다.

청나라 시대의 전통을 계승하는 중국은 지금도 고위 간부들 위주로 '강희제 배우기'에 한창이다. 강희제는 원래 만주족의 혈통이다.

하지만 한족 고유의 우수성을 장려했고 고위직에도 이들을 많이 등용시켰다. 절대다수를 차지하는 한족은 위협 요인이었지만 청나라 정부가 판단하기에는 유용한 자원이기도 했다. 수적 유리함을 이용한 전술은 300년 동안 중국의 정책이었으며 다양한 측면에서 활용되어 왔다. 지금도 중국이 마음먹고 0.1%의 한족을 어느 지역에 이주 명령을 내리고 그곳에서의 정착을 허락한다면 그 수는 자그마치 백이십만 명에 이르게 된다(2024년 중국 내 한족 인구는 12억 8천만 명으로 추산된다). 우리나라 남양주시와 양주시 인구를 모두 합한 것보다도 많은 인구다(2025년 기준 남양주시의 인구수는 80만 명, 양주시 인구는 30만 명이다). 이 인구가 이동하여 어떤 영토에 유입된다면 이것은 스며드는 정도가 아니라 마치 잉크가 물에 번지듯 퍼져 가는 듯이 보일 것이다. 그리고 그들이 장차 자신들의 권리 주장이나 이권 행사를 도모하게 되는 일도 시간문제가 될 것이다. 중국은 이미 한국동란 때 이 전략을 확실히 보여 준 바 있다. 가장 단순한 전략이지만 인해전술은 상대를 압도하기에 충분했다. 또한 지금도 멈추지 않고 있는 러시아-우크라이나 전쟁은 조상으로부터 물려받은 영토에 기반하는 것이 아니다. 엄밀히 말하면 그곳에서 살아가고 있는 유민들의 수에 기반한 전쟁에 가깝다고 보아야 한다.

　인구 절벽의 문제를 해결하기 위해 무턱대고 타민족을 대거 받아들이는 것은 장차 문제가 발생할 수 있다는 교훈을 이런 역사가 알려 주고 있다. 적은 인구 이동이야 상관이 없겠지만, 특정 영토를 호시탐탐 노리며 그곳에 정착의 꿈을 실현하기 위해 사람들이 몰려들 때 사회적 분란을 일으키지 않으리란 법이 없고, 또한 자신의 전통과 종교를 그 땅에서 실현하기 위해 갈등을 조장하지 않으리란 법이 없다. 사실 유럽연합이 시리아 내전과 이스라엘-팔레스타인 전쟁으로 탈출한 난민으로 인해서 고민하는 이유도 난민들이 유럽에 유입이 되면서 일으킬 사회적 문제들을 예측할 수도 없고 이미 사태가 벌어진 상태에서는 수습하기가 훨씬 어려워지리라는 것을 알기 때문이다. 경영학에서 가르치는 원칙 중에 '1:10:100의 법칙'이라는 게 있다. 이 원칙은 처음 문제가 발생하는 지점에서 정확히 발견하고 단속을 잘 하면 그에 따른 비용이 10달러면 족하지만 처음 문제를 방치하고 사태가 벌어진 다음에는 100달러가 아니라 1,000달러로도 사태를 수습하기가 어려워질 것이라는 의미를 담고 있는 개념이다.

이 문제의 근본 원인을 조사해 보면 난민들이 조국을 떠날 수밖에 없게 된 이유가 자국 내 정치적·종교적 불안과 민족적 갈등과 깊은 관련이 있다. 따라서 문제의 발원지를 난민을 향해 바라보며 찾을 게 아니라 그들이 떠나온 곳을 바라보며 해결점을 찾아야 하는 게 맞다. 국제 사회와 유엔이 유민들의 인권만을 부각해서 볼 게 아니라 근본적 문제와 갈등을 해결할 방법을 찾아야 한다. 이민족이 자신의 문화를 정착한 곳에 뿌리내리고 부족 단위로 성장하게 되면 그 부족이 또 다른 민족으로 성장하지 말란 법이 없고 그로 인해서 사회적 문제를 양산하지 않으리라고 누가 장담할 수 있을까. 전쟁과 내전을 통해서 들어온 이민족은 통제할 수 있다지만, 인구 부족이 부른 통로를 따라 정착을 꿈꾸며 들어오는 이민족은 통제하기 어렵다. 이유는 간단하다. 절실히 원하는 쪽의 정책은 모두 열려 있어야만 하기 때문이다. 이에 덧붙여 말하면, 인구는 통합하기 쉬워도 문화는 통합하기 쉽지 않다는 점을 간과해서는 안 된다. 그리고 지금까지 역사를 살펴보더라도 갈등과 분쟁이 발생한 곳에서 원인이 되었던 문제들은 생존과 관계되는 문제 다음으로 문화와 종교적 충돌에 있었다는 사실도 잊지 말아야 한다.

탐욕과 시기심이 부른 경제학

✳

 이 장에서는 오늘날 경영학이 지향하고 있는 여러 가지 문제점과 독소적인 요소에 관해서 설명해 보고자 한다.

 인간 세상을 역사 관점으로 설명하고자 할 때 서양사 관점으로 설명하고 이해해야 하는 부분이 있다. 그 이유는 서양사가 상대적으로 사료들이 많다는 것도 있지만 타임라인상에서 고증된 객관성이 명료하고, 손쉽게 자료를 수집할 수 있다는 이점이 있기 때문이다.

 중세시대 기독교[엄밀히 말해 구교(가톨릭)]는 시장 거래를 통해 얻게 되는 이익에 대해 엄격하고 엄준한 잣대로 바라보았다. 구교는 농업과 노동을 통해서 생산된 것으로부터 얻는 이익만 중요시했다. 하지만 16세기 장 칼뱅[19]에 의해 상업 활동을 통해서 취한 이익도 중요하다고 강조했다. 신교의 교리는 상업이 활발하게 성행했던 네덜란드에서 더욱 자리를 잡아 갔고 신교를 믿는 국가에서는 칼뱅은 예수 다음으로 신봉하는 존재가 되었다. 영리를 목적으로 시장에서 물건을 사고파는 모든 행위에 대해서 존중했으며 돈을 가진 자가 돈을 융통하여 축적한 부(富)도 죄가 되지 않음을 신 앞에 공증도 해 주었다. 다만 근면 성실한 신자의 도리를 지켜야 한다는 전제로 개인의 욕망이 허용되었다. 사람들은 칼뱅주의 교리를 믿으며 자신의 내면에서 용솟음치는 욕망을 억제할 필요가 없어졌다. 상업에 종사하

---

19) 장 칼뱅(1509~1564, Jean Calvin), 프랑스 출신의 종교개혁가이다. 칼뱅의 신학을 따르는 교회로는 회중 교회, 개혁 교회, 장로 교회가 있다.

던 사람들은 그동안 죄업으로 여겨 왔던 돈벌이에 대한 관념적 무게를 덜어 낼 수 있었으며 상업 활동을 통해서 합리적이고 타당한 이윤에 대해 정당성도 부여받았다.

  이들 상인은 대개 영국에서는 젠트리(Gentry)라 불리던 사람들이었고 프랑스에서는 부르주아지(Bourgeoisie)라고 불리던 사람들이었다. 이들은 부유한 자본을 가진 사람들이었다. 이들은 교회에 재물[20]을 바치며 자신의 영혼이 구원받기를 원했다. 구약에서 신에게 번제를 올릴 때 양의 살코기와 피를 바쳤던 것처럼 노동이나 상업 활동을 통해 벌어들인 재화를 교회에 번제처럼 바치는 것은 죄가 되지 않았다. 자신이 죽고 난 후 영혼도 교회의 보증을 통해 천국으로 가게 될 것이라고 믿었다. 가톨릭도 같은 방식을 통해서 헌금을 모았지만, 신교와는 다른 점이 있었다. 기부자가 상업에 종사하고 있는 경우에 재화를 모으는 과정에서 죄업이 드러나면 구원받기가 어렵다는 것을 분명히 했다. 신자가 바치는 기부금을 신교는 그대로 인정해 준 반면에 가톨릭은 기부금의 출처를 따졌다.

  신자들로부터 많은 기부가 이뤄지기를 바라는 것은 모든 교회가 바라는 바였다. 하지만 어떤 교회에서는 상업으로 개인의 부를 축적하는 것에 대해 억제한 반면, 어떤 교회에서는 상업 시장에서 일어나는 모든 상황을, 다시 말해 상업을 통해 얻은 부의 축적과 생산적인 원리까지 '모두 신의 뜻'으로 여겼다.

  신교의 이런 의식은 구교의 수장(교황청)을 자극했고 결국 하나의 뿌리를 공유한 두 종교가 갈등하며 분쟁이 일어났다. 1618년 5월

---

[20] 십일조.

23일 유럽 전역에 종교 전쟁[21]이라는 광기가 시작됐다. 그런데 이 전쟁의 속내를 들여다보면, 명분이 석연치 않다. 신성로마제국 연합군이 보헤미아의 왕이 신교를 믿는 배신자라는 것에 반발하여 일으킨 전쟁으로 포장되어 있지만, 사실은 스페인 왕국이 피레네산맥 너머의 영토에 욕심이 생겨 일으킨 전쟁에 가깝기 때문이다. 용병까지 고용한 신교 연합군은 오합지졸이었다. 체계적인 전술과 전략으로 밀고 들어오는 신성로마제국 가톨릭 연합군에 당해 낼 수가 없었다. 신교 연합군이 전쟁에서 불리해지자 이때 스웨덴이 이 전쟁에 개입하면서 전황이 바뀌었다. 그러나 불행하게도 스웨덴의 구스타브왕이 전사하면서 전세가 다시 신성로마제국 진영으로 넘어갔다. 그런데 뜬금없이 프랑스가 신교 편에 서면서 전쟁이 이상하게 전개되었다. 프랑스는 본래 가톨릭 국가다. 심지어 이 전쟁의 참모 아르망 장 뒤플레시(1585~1642)는 로마 가톨릭 교황으로부터 서품을 받은 추기경이었다. 그는 리슐리외 추기경으로 더 잘 알려진 인물이다. 이 전쟁에서 스페인과 합스부르크로부터 에워싸인 프랑스가 위태롭다는 것을 직감한 리슐리외 추기경은 신교 연합군을 도우며 신성로마제국을 저지했다. 종교 전쟁이라면 구교와 신교라는 두 진영이 대립하여 맞붙은 구조여야 말이 된다. 하지만 길고 지루한 세월 속에서 전쟁의 성격이 변질되고 명분은 사라졌으며 자신들이 차지할 영토와 전쟁을 통해 얻게 되는 자국의 이익에만 눈독을 들였다.

이 전쟁을 최초의 세계대전이라고 말하는 사람도 있다. 전쟁의 참혹함은 무기의 성능과 연관되어 있다. 대포, 화승총, 휠락 피스톨과

---

[21] 30년 전쟁(1618~1648).

같은 신식 무기들이 대량 보급되었고 양 진영이 살상 무기를 앞세워 서로를 죽였다. 처음에는 구교와 신교가 종교적 갈등의 문제로 적대시했던 것은 맞지만, 시간이 지나고 전쟁이 길어지자 적대적으로 대립했던 나라들이 서로 다른 종교를 가진 국가지만 동맹을 맺기도 하고 또 한쪽에서는 같은 종교를 가진 국가인데도 자기들끼리 총부리를 겨누었다. 이 전쟁을 일컬어 '30년 전쟁'이라 부른다. 역사가들은 이 전쟁을 "종교의 갈등보다도 이해관계로 뒤엉켜 각자 이권을 차지하기 위해 벌어진 치졸한 전쟁이다."라고 평가하기도 한다. 역사상 가장 이상한 '30년 전쟁'은 그야말로 전장이 이전투구로 뒤범벅되었다.

17세기 유럽의 시대적 혼란은 점입가경이었다. 전쟁이 끝나고 해이해진 국가들의 도덕과 윤리관이 엉망진창이 되어 버렸고 종교적, 도덕적 숭고함을 미덕으로 삼았던 사람들이 이기심에 물들기 시작했다. 개인의 악덕, 즉 탐욕과 시기심, 그리고 야망이 경제를 살리며 사회에 이익을 낳는다고 주장하는 학자[22]가 등장하기도 했다.

> "… 궁핍, 탐욕, 시기심, 그리고 야망은 이 사회에 사는 사람들 각자가 자기 계급 안에서 걸맞은 노동을 하도록 만들며 모두 다 제 처지에서 나름대로, 대부분은 기꺼이, 고된 일을 하도록 만드는 것이니, 임금이나 왕자라도 예외가 아니다. … 나쁜 환경에서 사회가 행복해지고 사람들이 편안해지려면, 반드시 그들 가운데 많은 사람들이 무식할 뿐 아니라 가난해야 한다. 지식은 우리 욕망을 키우고 늘리게 되지만, 사람은 바라는 것이 적

---

[22] 버나드 맨더빌(1670~1733), 네덜란드 철학박사, 의사이다. 1714년 그가 남긴 저서 『꿀벌의 우화』는 애덤 스미스와 독일의 철학자 임마누엘 칸트 등에 지대한 영향을 주었다.

> 을수록 필요한 것을 쉽게 얻을 수 있는 법이다." - 버나드 맨더빌,『자선과 자선 학교』중에서.

맨더빌은 무식한 사람들이 유식해지면 사회에 바라는 게 많아지고 결국은 필요한 것이 부족해질 것이라고 우려했다. 하지만 사람이 유식해진다고 해서 필요한 것이 많아지리라는 그의 판단은 지금에 와 생각해 보면 어처구니없는 발상이었다. 오히려 사람이 무식할수록 분별력을 잃고 자기가 필요한 것인지 필요하지 않은 것인지도 분간하지 못하고 마구 소비할 가능성이 더 높을 것이라는 점을 그는 간과했다.

1776년, 미국이 독립선언을 발표하던 시기에 영국에서는 『국부론(國富論)』[23]이라는 논문이 발간되었다. 오늘날 경제학이라는 용어를 탄생시킨 이 논문은 사람들의 욕망이 '사회적 부'와 경제 균형을 이루는 기본적 본성이라고 설명하고 있다. 애덤 스미스는 『도덕 감정론』 속편으로 이 논문을 내놓은 것으로 알려져 있으며 버나드 맨더빌로부터 영향을 받았을 것으로 추정되고 있다. 『국부론』을 쓰기 위해서 맨더빌의 사치 공화국에 대한 열망을 정제해 그것을 완곡하게 '소비'라는 표현으로 쓰며 그의 뜻을 이어받았다. 애덤 스미스의 경제 논리에는 시장이 '자유방임주의'이어야 하고 시장에서 나온 상품들은 분업을 통해야만 부를 극대화할 수 있다는 내용이 담겨 있다. 나아가 국가와 국가 간의 부의 균형을 설명하고 있으며 국부와 국력 간의 관계를 정리하기도 했다. 이 정리들은 대체로 오늘의 기

---

[23] 애덤 스미스(1723~1790), 스코틀랜드 도덕철학자, 경제학자이다.

업들에 적용해도 현실성이 있고 명료하고도 상세하게 설명해 주는 이론들이다.

이 두 학자를 통해서 사람의 욕망은 자유로워질 수 있었다. 특히 종교적 명령이 왕의 명령보다도 엄격했던 시대에서 벗어나는 데 이바지했고 거시적 관점에서 국가가 무역을 통해 손익 문제를 따질 수 있는 근거들을 수립할 수 있는 기초를 만들어 주었다.

사람들은 시장이라는 장소를 무한히 큰 우주의 세계라고 여겼으며 자신의 능력 또한 무한할 거라 믿었다. 무한대의 그릇에 무한대의 욕망이 채워지기를 기대하며 매일 각자의 몫으로 이상을 구현하기 위하여 각축을 벌였다. 마치 우주에 수많은 별이 매일 기하급수적으로 탄생한다 해도 우주 공간은 그보다 훨씬 광활해서 다 포용해 줄 것이라고 여긴 것처럼 말이다. 초창기 경제학자가 바라본 시장의 모델은 끝없이 들끓는 인간 욕망을 펼칠 수 있는 장으로 여겼고 자연이 제공하는 자원은 무궁무진할 것이라고 전제했다. 하지만 이 전제가 갖는 모순에 대해서는 예측하지 못했다.

인간의 이익에 집착된 효용

게다가 19세기 중반에 들어서면서 인간의 자유는 인생의 가장 중요한 가치로 떠올랐다. 영국의 사상가 스튜어트 밀(1806~1873)은 인간 자유의 고유 영역에 대해서 세 가지로 정리했다. 첫째, 내면적 의식의 영역에 자리 잡은 영역, 둘째, 자신의 기호를 즐기고 자기가 희망하는 것을 추구할 자유, 셋째, 개인의 자유와 똑같은 원리의 적용을 받는 결사의 자유가 그것이다. 하지만 그는 인간의 자유를 자신과 타인 사이에서 발생할 수 있는 침해와 보호에 관한 부분만 강조했을 뿐이다. 결코 인간의 자유로 인해서 생기는 자연의 침해와 자연의 파괴, 자연의 회복 불능 상태에 대해서는 한마디도 언급하지 않았다. 그가 주장했던 자유는 사람과 자연이 모두 혜택을 받을 수 있는 공리적 관점이 아니라 사람 다수의 질적 공리 측면만을 바라보았다. 밀은 모든 윤리적 문제의 궁극적 기준을 '효용'에 두었으며 그것이 "인간의 지속적인 이익에 기반을 둔 넓은 개념이어야 한다."라고 말했다. 여기서 '인간의 지속적인 이익' 추구가 결과적으로 앞으로 우리의 미래가, 더 나아가 후손의 미래마저 갈취하는 원인을 제공하게 된다는 사실에 관해서는 고려해 본 적이 없다. 만약 밀이 자연 안에서 인간에 관하여 고찰했다면, 그리고 급속히 발전하고 있는 사회 발전의 속성들을 통해서 인간 미래의 영속적인 삶이 지속될 수 있는지 그렇지 않은지를 내다보았다면 자연에 양보해야 할 게 무엇인지를 발견할 수 있었을 것이다. 여기에 법적, 제도적인 모든 사회적 규칙도 이 발견들 가운데 체계적으로 정립되었을 것이다.

특히 밀은 '효용'의 문제가 전적으로 진리의 문제에서 출발해야 한다고 말했다. 그러나 그가 바라던 진리는 인간의 이해관계에서만 존재한 것에 불과하며 결국 그렇게 그는 스스로가 '확정된 결론'의 늪에 '효용'을 던져 놓고 말았다. 세상은 단 하나의 목적에 집약되고 그것 외엔 아무것도 그 목적을 대신할 수 없게 만들었다. 세상은 열린 판도라 상자로부터 퍼져 나간 저주처럼 '효용'에 물들어 버렸다.

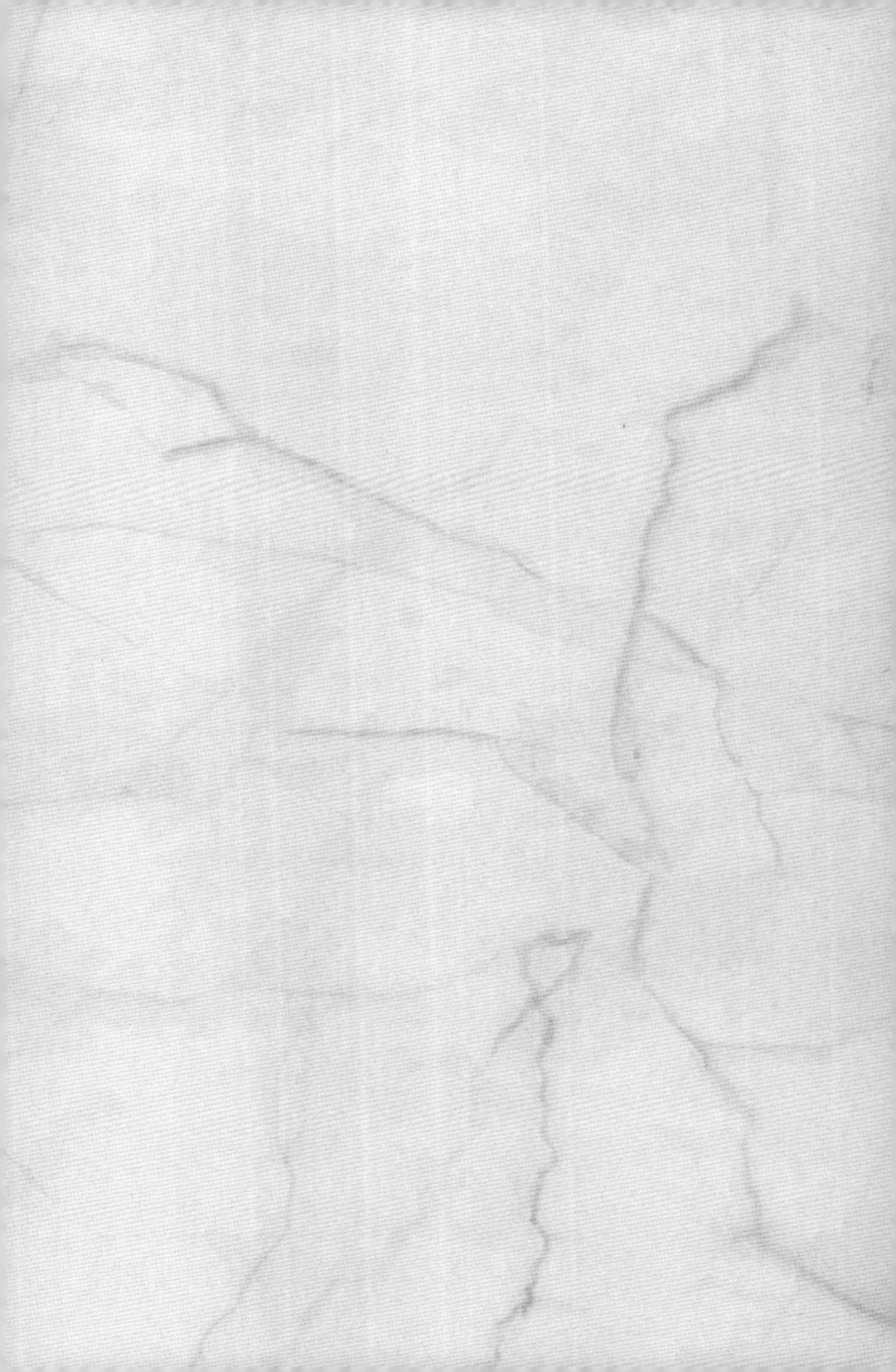

III

과학과 기술

에너지 보존의 법칙

✦

　우주 만물에 공정하면서 한 치 오차 없이 적용되는 법칙이 있다면 그것은 아마 '에너지와 질량 보존의 법칙'일 것이다. 이 원리는 우주 어느 곳에서든지 심지어 왜곡된 시공간이 존재하는 곳에서도 성립하는 물리법칙일 것이다. 뉴턴의 물리학과 아인슈타인의 (특수)상대성 원리는 자연법칙의 질적, 양적으로 확보한 데이터의 차이로 인해서 우주의 운동 법칙에 대한 해석을 달리한다 해도 절대 부정하지 않는 하나의 개념이 있다. 아무튼 두 물리학이 주장하는 원칙이 서로 배반한 것처럼 보여도 부정하지 않는 하나의 개념은 바로 '~보존의 법칙'이라는 표현에 관한 정의들이다. 대신 차이가 있다면 보존 방법에 있어서 뉴턴 물리학은 물질을 물질로의 보존만을 인정한 반면에, 아인슈타인의 물리학은 물질이 에너지로의 변환도 가능하다고 했다.

　천체물리학에서 아직도 블랙홀의 '사건의 지평선' 내부에 관한 물리법칙은 밝혀진 바 없다. 이 지점을 '특이점'이라고 부르기도 하는데 블랙홀 내부의 강한 중력으로 인해서 빛도 탈출할 수 없기에 그 안에서 어떤 일들이 벌어지고 있는지를 아무도 모른다. 하지만 그곳에도 분명히 천체 물리법칙은 작용하고 있을 것이다. 이런 짐작에는 '~보존의 법칙'이 뒷받침하고 있기 때문이다.

　지금까지 지구는 수천만 년 동안 동식물의 사체를 빌려 탄소(C_2)를 꾸준히 지표 아래로 메운 덕분에 대기에 노출되는 탄소가 줄어들게 되어 오늘날의 다양한 종들이 생존을 유지할 수 있는 환경이 만들어졌다. 하지만 산업화가 시작된 이후 인간은 끊임없이 땅속에 매립된 탄소를 채굴해 왔고 탄소는 공기 중의 산소와 결합하여 대기에 대량 살포됐다. 선캄브리아 이전의 지질 시대의 지구 표면은 탄소가 범람했던 시대였다. 그 시대는 지표 밑에 탄소가 매장되어 있지 않았고 모든 기체는 대기 중에 분산되어 있었기 때문에 마치 금성처럼 뜨겁고 습했다. 만약 지구가 골디락스 존[24]에서 한 치라도 벗어나기라도 했다면 지구는 금성이나 화성처럼 진작에 황무지가 되었을 것이다.

선캄브리아 시대에 생물 종이 폭발적으로 증가하고 생물들(특히 식물들)의 유기체가 죽어 땅속에 묻힐 때 대기의 탄소를 단단히 포집하면서 그 공간에 산소(O_2)가 대체됐다. 이것이 오늘날의 생태계가 조성될 수 있게 만든 지구 환경의 초기 메커니즘이었다. 하지만 선캄브리아 시대 이전에 대기를 채웠던 탄소가 줄어들었다고 해서 그것이 종적조차 사라진 게 아니다. 그리스 신화에 등장하는 가이아의 자식 거인족 기가스가 올림포스 신들과 전쟁을 벌인 뒤 패하고 지하에 유폐되었던 것처럼, 탄소 역시 유기체의 몸을 빌려 땅속 깊이 유폐되어 있는 상태였을 뿐이다. 지구에 응축된 원소들은 다행히 지구의 중력과 자기장의 작용으로 인해서 또는 태양풍이 지구에 몰아쳐도 지구에 존재하는 원소들이 우주로 흩뿌려지거나 소멸하지 않은 덕분에 지구 안에서 질량 보존의 법칙을 그대로 유지할 수 있었다. 그런즉 매장된 탄소가 그대로 대기에 방출되면 모든 생물이 새로운

---

[24] 골디락스 존(Habitable Zone/HZ) 혹은 '생명체 거주 가능 영역', '생명 가능 지대'라 불리며 생명체들이 살아가기에 적합한 환경을 지니는 우주 공간의 범위를 뜻하는 천문학 용어다.

환난 시대를 맞이하게 될 것이고 선캄브리아 이전의 지구 환경으로 환원될 수 있다. 여기서 환원이란 단어를 사용한 이유는 지구에 작용하는 태양 에너지의 변화량이 없고 지구의 모든 원소가 지구 밖으로 빠져나가지 않은 그대로의 상태일 때 지구가 어떤 새로운 세상으로 변하지는 않으리라 보기 때문이다. 다만 인간은 경험한 적 없는 새로운 세계일 뿐이다. 게다가 인간 활동으로 버려진 잔재들이 지구 표면을 덮으며 이 중 새로운 고분자들이 태양에 의해 미세화가 촉진되어 그것이 지구 환경에 어떤 영향을 미칠지는 지구조차도 아는 바가 없다.

태양이 발산하는 에너지는 자연이 재생하거나 복구되는 데 필요한 시간을 한정하고 있다. 이를 '자연의 재생 복구 시스템'이라 하겠다. 이 시스템은 태양의 주도 아래 주어진 시간에 따라 물리적·화학적 재생 순서를 빠짐없이 거치고 때론 오랜 시간을 기다리는 것을 덕목으로 삼아야 할 때가 있다. 예를 들어 버려진 플라스틱이 미세하게 분해되기 위해선 500년의 시간이 필요하다(이는 고분자의 종류에 따라 다르겠지만). 플라스틱이 미세화[25]되면서 자연계에 어떤 위험을 불러올지 알지 못한다. 플라스틱이 생분해[26]가 되지 않는 한 물, 공기, 흙 속에 부유물처럼 남아 있을 것이고 그 분자들이 모든 생물에게 영향을 줄 것은 명약관화하기 때문이다. 고분자 화학 구조물이 원자 단위로 쪼개지는 시간은 얼마나 걸리게 될지는 정확히 알 수 없지만

---

[25] 플라스틱은 고분자 연결 고리로 이어진 화학적 구조물로서 시간이 지난다고 해서 고분자들이 자연에 환원되지 않는다. 따라서 생분해가 아닌 미세화이다.

[26] 어떤 주체적 성질을 가진 분자에서 그 성질을 잃게 되는 원자로 쪼개지는 단위.

500년 사이에 생분해되지 않으리라는 것은 분명한 것 같다. 그 사이에 생물이 자신의 진화 방식에서 그것을 수용하면 다행이지만 500년은 단세포 생물조차도 진화하는 데 필요한 시간으로는 턱없이 부족하다.

만약 고분자가 언젠가 생분해가 될 것이라고 가정한다면, 물질을 생분해시키는 것은 효소의 활동과 태양으로부터 발산되는 빛의 파장 그리고 고분자 자체가 갖는 결속력에 달려 있을 것이다. 여기서 효소에 관하여 이야기해 보자. 이 효소 역시 태양의 영향권 안에서 활동한다. 따라서 효소 역시 주어진 자연법칙을 고스란히 따르고 있다. 순수한 자연법칙에서가 아니라 인간의 이성 활동을 이용한 것이라면, 즉 어느 정도 기술을 매개로 삼아 자연법칙을 변형해 가며 얻을 수 있는 효소의 효과를 기대할 수는 있지만, 논농사를 지을 때 볍씨 파종부터 우리 식탁 위에 올라오는 밥이 되기까지의 농사 과정이 복잡해도 무엇 하나 빠뜨리고서는 우리가 한 끼 밥을 제대로 먹을 수 없듯이, 기술이라는 매개가 효소의 역할을 대신하지 못하는 지점이 있다. 효소는 자연 물질을 생분해하는 능력을 가지고 있다. 생분해 능력은 한마디로 물질을 원래의 자리로 돌려놓게 하는 능력을 말한다. 이와 반대되는 것이 '화학적 결합'일 것이다. 화학적 결합을 통해서 생성된 새로운 물질은 지구의 경험으로부터 배반되어 있는 것들이다. 다시 말해 '자연 복구 시스템'으로 이해할 수 있는 물질이 아니다. 게다가 새로운 물질이 '자연 복구 시스템'의 능력 범위에 있는지조차도 알 수 없다. 만약 그 능력 범주에 들어온다고 가정하더라도 지금은 인간에 의해 생태계가 파괴되어 가는 속도가 '자연 복구 시스템'에 의해 재생되고 복구되는 속도를 훨씬 앞지르고 있다는 사실은 분명하다.

  자연의 회복탄력성 효과는 효소 작용을 비롯한 수많은 자연계의 환원 능력에 의해서 이뤄지게 되지만, 생태계 복원력이 깨지는 순간도 환원 능력의 소멸과 같이 온다. 우리가 지구의 티핑 포인트(Tipping Point)라고 부르는 그 지점이 있다. 지금 인간이 그 지점을 통과하기 직전에 서 있다. 풍선을 불어 대고 있는 사람이 언제 터질지 모를 정도로 부풀어 오른 풍선을 바라보며 불안과 공포에 휩싸여 있다. 그런데도 인간은 쉬지 않고 공기를 주입하고 있다.

  영국의 경제학자 토머스 맬서스(1766~1834)는 "인구는 자원에 의해 제한받으며, 인구 증가가 자원의 한계를 넘어서면 기근과 빈곤이 발생한다."[27]라고 했다. 그는 오직 지구가 제공 가능한 식량의 양이 한계에 도달하면 사람은 재앙에 다다를 것이라는 경고만 했다. 당시엔 식량이 부족했다. 소빙하기의 끝자락에서 지구의 자연적 제약은 날로 심각해질 것으로 추측했고 이로 말미암아 식량이 더욱 고갈될 것이라고 고민을 했으며 이로 인해 사람들은 빈곤과 기근이라는 재앙에 시달리게 될 것이라고만 생각했다. 어찌 보면 자신에게 불어닥칠 현실적 재앙에 집착한 근심이었다. 재앙을 오직 식량 고갈 문제에 있다고만 집착했던 것 같다. 그가 인구론을 집필할 당시는 영국이 한창 산업혁명으로 사회가 급속히 변화해 가고 있었고 가까운 미래에 사람들이 자신의 욕망을 채우기 위해서 산과 들로, 바다와 하늘로 기계를 앞장세워서 무자비하게 밀어붙이는 모습을 내다보지 못

---

[27] 인구론.

했으며 이 새로운 사회 현상이 식량 문제와 같은 원초적 근심을 단숨에 해결하게 되리라는 예측을 하지 못했다. 그리고 이 이후에 벌어질 더욱 심각한 재앙에 관해서는 아예 염두조차 하지 않았다.

산업혁명에 힘입어 시장은 활성화되었고 인간의 욕망이 제1원칙이어야 한다는 기준을 더욱 확고히 하며 점점 리바이어던과 같은 괴물이 되어 갔다. 시장은 물질의 전시장이 되어 갔다. 세상은 물질과 그리고 그 물질들의 새로운 결합을 통해서 얻어지는 인간 유용품들로 넘쳐 났고 그것이 버려지는 장 또한 지구 면적을 잠식했다. 그곳은 구매자를 위해 더없는 안식처가 되었다. 사람들은 매일 자신의 욕구를 채워 줄 새로운 물질들이 탄생하기를 기대하며 환호했다. 그런데 그때부터 인간에게 이상한 변화가 생기기 시작했다. 나태와 편리라는 낱말이 이질적 단어에서 동의어로 어원 변화가 일어나기 시작했고 파괴와 안전이 바이메탈 금속처럼 하나의 의미 속에서 단어들이 혼용되었다. 거미줄과 같은 네트워크를 통해서 사람들의 새로운 습성과 인식은 아무 거리낌 없이 전파되었으며 이 변화들은 시대를 구분하는 경계가 되었다. 이 경계는 새로운 무엇이 창조될 때마다 허들을 세웠다. 마치 설국열차 속 두 부류의 사람들을 구분하듯이 사회에 극명하게 줄을 긋는 장벽이 되었다. 이는 마치 블랙홀이 중심부에서 빛조차 탈출할 수 없을 정도의 막강한 중력으로 끌어당기는 것과 같다. 시장은 블랙홀이며 여기에 과학과 기술은 사건의 지평선이라는 자물쇠가 되어 잠금장치를 더욱 공고하게 했다.

신과 정령에서 과학과 기술로

✸

역사학자 유발 하라리(Yuval Noah Harari, 1976~)는 자신의 저서에 이런 글을 남겼다.

> "역사의 진로를 형성한 것은 세 개의 혁명이었다. 약 7만 년 전 일어난 인지혁명은 역사의 시작을 알렸다. 10,000년 전 농업혁명은 역사의 진전 속도를 빠르게 하였다. 과학혁명이 시작한 것은 불과 5백 년 전이다. 이 혁명은 역사의 종말을 불러올지도 모르고 뭔가 완전히 다른 것을 새로이 시작하게 할지도 모른다. … 아시아의 좀 더 동쪽 지역에는 호모 에렉투스가 살았다. 이들 '똑바로 선 사람'은 그 지역에서 2백만 년 가까이 살아남아, 가장 오래 지속된 사람 종이 되었다. 우리 사피엔스가 이 기록을 깰 가능성은 희박해 보인다." - 유발 하라리, 『사피엔스』의 「1. 별로 중요치 않은 동물」 중에서.

유발 하라리는 인류가 창조한 과학혁명이 마지막 혁명이 될 수도 있다는 것을 경고했다. 기술은 자연과 사물을 관찰할 때 인간이 자신에게 유리한 것을 가장 먼저 그리고 가장 빨리 파악하고 민첩하게 실용화시킬 때 가장 강력하게 이용되는 도구지만 자연계를 가장 빠르게 파괴시킬 수 있는 도구이기도 하다. 기술은 사물에 관한 본질 탐구와 축적된 경험에 의해 발전해 왔다. 이는 유전자처럼 전수되기도 한다고 했다. 이 주장이 명확히 증명된 바는 아니지만, 경험하지 않은 후손이 마치 경험한 듯한 행동을 보이는 것은 유전자에 기억된 생존 정보들 때문이라고 믿는 학자[28]도 있다. 수많은 동물 중에서 인간이 가장 늦게 탄생했는데 자연이 이성 능력을 오직 인간에게만 부여했다는 것이 진화 시스템의 아이러니다.

자연 사물을 자신의 사용 목적에 부합하게 형상화하고 그것을 실제로 이용할 수 있다는 것, 이것이 태생적으로 부여된 힘의 논리로만 설명되는 생태계에서 인간이 특별한 존재로 부각하는 계기가 되었다. 이는 아마도 신(神), 정령(精靈), 사람(人間), 육식동물(肉食動物), 초식동물(草食動物), 곤충(昆蟲), 식물(植物)이라는 순차적 등급으로 구분 짓게 한 돌발 사태였고 그 특별한 존재가 모든 자연계의 체제를 정비하는 중심으로 자리 잡게 했다. 그럴 수 있었던 데는 사물에 관한 인지능력, 그것이 특별했기 때문이다.

인간의 인지능력을 "감각을 통해서 들어온 정보를 바탕으로 인지능력이 발현되며, 있는 그대로의 세계를 바라보는 게 중요하다. 따라서 인지는 자신의 선험적 요소와 경험적 요소를 통해 새로운 세계와 가치를 창조하는 관문으로 들어가게 해 주는 입구다."라고 정의할 수 있다. 이 문장을 현상학적 관점에서의 해석이라고 판단할 수 있겠지만 인간의 인지능력을 이처럼 명료하게 설명해 주는 문장을 찾아볼 수 없다는 것을 인정해야 한다. 인간의 선험적·경험적 정보들이 결정화 과정을 거치며 후대에 유전으로 전수되는 것은 생명의 진화 과정에서의 자기 복제 능력이라는 특질이 있기 때문이라고 했다. 이것을 두고 밈(Meme)이라고 한다. 생활 속에서 일어나는 환경 변화들이 인간의 인지 활동을 반복적으로 강화했고 그것을 통한 숙

---

[28] 리처드 도킨스(1941~)는 영국의 분자생물학자다. 그의 대표적인 저서로 『이기적 유전자』가 있다.

지 패턴이 오랜 시간에 걸쳐 모방 능력으로 발달했다.

관찰을 통한 모방이 독나비와 말벌, 바다 민달팽이, 꽃등에, 대벌레 등과 같이 천적을 피해 자신을 다른 종에 수렴하는 '뮐러 의태'와 같은 모방을 하거나 오랜 시간 동안 자신의 몸에 변형을 일으켜 생존경쟁에서 상위의 포식자로부터 자신을 지키기 위한 형태 변이로 이어지는 경우가 자연에서 흔히 발견되는 현상이다. 인간은 이런 능력이 없는 대신 이성을 통해 기술로 연결된 획기적인 변화를 이끌어 왔다. 곤충들처럼 자신의 신체 일부 또는 전부를 변형시키지 않고도 인간을 자연계에서 가장 강력한 생존력을 유지하게 만든 것이 기술이었다.

기술은 신조차 부인할 수 없는 명분과 원천적인 힘을 지니고 있다. 신과 정령이 인간의 정신을 지배한 지 수천 년, 이 권위는 과학에 의해서 사실상 상실됐다. 다만 인간의 어떤 의지와 그것이 정치적으로 결탁한 곳에서 신이 개입하면 신은 그 어떤 것보다 강력한 존재가 되어 존재력을 과시할 때도 있다. 하지만 허구의 호통은 지속성을 갖지 못한다. 신이 사람들 위에 군림할 수 있는 시간은 오직 기도와 염원의 시간에서일 뿐이다.

그러나 기술은 기도와 염원의 시간을 제외한 모든 시간을 지배하고 있다. 사람들은 기술의 본질을 잘 알지 못한다. 알려고도 하지 않는다. 오직 그것을 이용함으로써 얻게 되는 새로운 가치에 대해서만 관심이 있다. 오늘날의 시대적 가치인 '효용'이라는 동력이 바로 여기에서 생성된다는 것도 알고 있다. 그렇지만 거기에 '할루시네이션'이 프로모션처럼 달라붙어 있는 사실에 관해서는 인정하지 않는다.

이 할루시네이션은 기술이 인간에게 제공하는 편익에 가려져 잘 보이지 않는 데다 그것이 꼭 유쾌한 그 무엇일 것이라는 기대보다는 여기에 몇 가지 '자연법칙'만을 이용해서 따져 보면 금방 드러나게 될지도 모르는 또 다른 허구를 굳이 알고 싶어 하지 않는 심리들이 작용하고 있기 때문일 수 있다.

미래는 의지와 우연 두 기둥 사이에서

✳

"베이징의 나비 날갯짓 한 번이 텍사스에 거대한 토네이도를 일으킬 수 있다."라고 지적한 기상학자의 말처럼, 사전에 어떤 징후조차 발견하기 어려웠던 상황에서, 마른풀에 불이 지펴지듯이 순식간에 번져 가는 거대한 역사적 출렁임과 어떤 변곡점을 이루는 사건들을 우리 주변에서 많이 볼 수 있다. 앞서 이런 상황들에 대해서 설명한 바 있다. 전혀 관계가 없을 것만 같은 변수들로 인해 영향을 받게 된 예측은 그래서 매우 어렵다. 지나간 자료들과 함께 돌발적 변수들이 축적되었다고 해도 이 또한 무한의 자연 현상으로 비교할 때 한정된 자료에 불과하다.

이 데이터베이스에서 거의 무한대에 가까운 돌발 요인들을 밝혀내는 것도 불가능하다. 수학에서 상수를 무한값으로 나누면 '0'으로 수렴하는 것처럼, 한정된 자료에서 무한의 자연 현상을 나누는 것은 '0'이 된다. 이렇듯 돌발 요인의 예측이 불가능하다는 것은 이 단순한 증명으로도 설명이 된다. 하지만 이미 발견된 요인이 독립적으로 개입하고 반응한다면, 그래서 그로부터 예측되는 미래 분석이 가능하다면 어떨까? 그렇다고 할지라도 인지된 요인들끼리 맞부딪혀 발생할 수 있는 교란 효과에 대해서는 가늠하기 쉽지 않다.

이 장에서는 인간이 미래가 예측된다고 믿는, 그것도 명백하고 확정적인 미래를 만들 수 있다는 생각에 관하여 이야기해 보고자 한다.

인간의 역사는 여러 사건과 시대 상황이 맞대면서 조응한다. 예를 들어 시간이라는 배가 떠 가는 동안에 여기에 실린 불확정적 사건을 맞닥뜨리게 된다. 시간에 흩어져 있는 수많은 제공 요인이 복잡하게 작용하고 그 영향으로 인해 사건이 만들어지고, 근접한 사건일수록 그것이 결합할 때 또 다른 시대 상황을 선명하게 만들기도 한다. 하지만, 이때 움튼 시대 상황이 어떤 개연성에 의해 다시 분해되는, 즉 확률적으로 사건이 낱개로 쪼개져 버리는 게 다반사다. 따라서 지금의 과학과 기술 수준으로(앞으로도 마찬가지겠지만), 아니 과학과 기술이 더 발전하게 된다면 미래를 좀 더 명확히 밝혀낼 수 있을 것이라는 추측 자체가 사실은 난센스다. 시간이라는 배는 필연을 채운 자리보다 우연을 채운 자리에 훨씬 큰 공간을 내어 주기 때문이다.

 프랑스 상업예술가 장 마크 코테(Jean-Marc Cote)의 그림에서 볼 수 있듯이 19세기의 인물이 20세기 말의 사회 상황을 그림으로 묘사할 때 '가장 최근의 시간에서, 수집된 최후의 제공 요인과 요소들로 조합된' 사건들로만 미래를 그렸다. 그런데 이 그림이 매우 우스꽝스러워 보인다는 것이다. 미래 예측이라는 것은 늘 이런 한계에 부딪힌다. 다시 말해 그 당시에 코테 그림은 보는 이에게 무언가 충격적인 메시지로 다가갔는지는 모르겠으나 시대가 제공하는 사회적 요소가 마지막 시간에 고립된 채로 있었기에 그림의 한계성이 드러났다. 최후의 시간에 닿아 있는 사회적 소재로만 그려 낸 미래의 모습은 시간이 흘러서 실재와 비교해 보면 현격한 차이를 보인다. 그러므로 미래의 모습을 정확히 맞추는 일은, 앞으로도 그것은 장 마크 코테가 그린 그림과 같게 될 것이다.

필자가 장 마크 코테 그림에서 미학적, 예술적 부분의 결여를 지적하는 것이 아니다. 다만 화가가 가지고 있는 현실감과 그 시대에 이룩한 문화, 예술. 과학 차원에서 소재들을 빌려 와 그린 그림이 우스꽝스러운 모습으로 보이는 것은 사실이다. 그래서 미래에 관한 것은 의지 구현과 우연이라는 두 관문으로 통하는 길밖에 없다는 것을 그림이 간접적으로 증명하고 있다.

 욕망은 장 코테의 그림처럼 시대에 갇혀 있는 본성이 아니다. 오히려 욕망은 불확정적 사건을 탄생시키는 원인이다. 더군다나 절대정신조차도 욕망에 무너진 이 판국에 누가 이를 다시 바로 세울까.

신이 필요했던 이유

※

볼테르는 이런 말을 했다. "신은 존재하지 않는다. 하지만 내 하인에게 그 이야기를 알리지 마라. 그가 밤에 날 죽일지 모르니까."

그는 18세기 프랑스 계몽시대를 열었던 인물이다. 이 세상에 신이 존재하지 않는다는 사실을 이미 알고 있었다. 신이 존재하지 않는다는 확고한 그의 생각은 그 당시 백과전서[29]파라 불리던 계몽주의자들과 자연 과학자들의 공통된 의식이었다. 특히 천문학과 물리학을 연구한 사람들은 신이 왜 존재하지 않는지를 우주의 관찰을 통해서, 그리고 자연의 법칙을 통해서 설명했다. 하지만 자연의 진리를 계몽적인 수단으로 사람들에게 전파하고 의식을 깨우치게 하기에는 아직 힘이 달렸다.

아이러니하게도 근대 물리학의 기초를 닦은 책 『프린키피아』를 집필한 아이작 뉴턴이 우주의 어느 곳을 관찰해도 천국, 올림포스 신전, 발할라, 열반 세계, 옥황궁, 무릉도원과 같은 장소를 발견할 수 없었다. 하지만 자신이 목격한 우주라는 광대한 스케일은 자신을 압도하기에 충분했고 결국 자신도 신의 존재를 인정해야만 했다. 그래서 자신의 책을 통해서 신을 찬양하는 데 주저하지 않았다.

사람들에게 자연의 이치와 천체의 진실을 알리기 위한 시간이 부족했고 초창기 계몽시대였기 때문에 허구에 지배된 사람들이 넘쳐

---

[29] 18세기 프랑스 계몽 시대를 열었던 사상가들의 모임으로 디드로, 볼테르, 그리고 루소 등의 사상가들이 이에 속한다.

났을 것이며 그래서 이들의 의식을 깨우치게 하기 위해서는 지금보다도 훨씬 큰 노력이 필요했을지 모른다. 따라서 볼테르는 신을 부정하게 되면 닥칠지 모를 불행에 대해서 염려했던 것 같다. 1,400년 동안 유럽인들의 정신을 지배해 온 종교가 수많은 사람을 죽이고, 전쟁을 일으키고, 그 외 타민족들 사이에서 수없이 많은 갈등도 빚어 왔다. 하지만 전체적으로는 신앙심이 국가나 사회 질서를 유지하는 데 탁월한 측면이 있다는 점을 볼테르는 인정해야 했다. 볼테르 생각은, 만약 하인이 마음속에 신앙심(신교든 구교든 상관없이)을 가지고 있지 않다면 그의 본성을 제어할 수 있는 장치가 사라지게 되어 친절함보다는 부당한 대우와 가혹한 노동만을 기억하게 될 것이고 따라서 하인이 자신을 공격할지 모른다고 염려했던 것은 아닐까.

"내가 왜 저 주인이라는 못돼 먹은 인간한테 이런 대우를 받아야 할까. 신은 없다. 나는 억울하다. 볼테르, 당신이 그동안 내게 행했던 부당한 일들에 대해서 보상해야 한다. 너의 죽음으로."

신은 인간과 닮았다고 하니 비록 많은 부분이 허점투성이라 할지라도 일부는 신과 동일시되는 부분이 있어 통제하기가 유리했으리라. 그러나 과학과 기술은 사람과 닮지 않았다. 형체도 없다. 하지만 자연을 변형하고, 조작하고, 통제하는 능력은 탁월하다. 언제부턴가 인간은 지난날의 허구의 신이 아니라 또 다른 신을 만들었으며 그것으로부터 자신이 구원되기를 바라고 있다.

과학과 기술의 하수인 자연법칙

✳

　과학과 기술은 어떤 재앙이든 완벽하게 방어하고 회피할 수 있을 거라 믿게 만드는 망상을 제공하는 원천이기도 하다. 가장 완벽한 자연 원리를 기반으로 어떤 방법을 고안해 내고 그것을 실현한다.
　시간은 등속으로 흐른다. 하지만 과학과 기술은 세상의 변화에 가속을 더하고 있다. 오늘날 인공지능이 발달하면서부터 그 가속은 가파르게 상승하고 있다. 인공지능의 주요 기능은 본디 미래에 나타나게 될 수 있는 불확실성을 경험과 학습으로 다져진 데이터와 지시된 노드에 부여한 확률을 통해서 바람직하지 않은 방향을 지양하고 바람직한 방향을 지향하는 데 있었다. 한마디로 사람의 생활에 최대의 도움을 주고 불편함을 해소하기 위한 목적으로 창조되었다.
　그런데 역설적으로 AI로 인해서 인류 미래가 더욱 불투명해졌다. 만약 인간의 실생활에서 AI가 개별적으로 확률이 높은 미래의 결괏값만을 찾아가도록 지시한다면, 종국에는 인간 고유의 능력인 창의력도 그 방향으로 정렬될 것이며 결국은 인간의 창작력은 AI의 창의력에 감탄하는 칭송 수단으로 전락하고 말 것이다. 컴퓨터의 기능은 소프트웨어 기술이 이제껏 제공된 데이터를 기반으로 검색하고, 나타내고, 지시하고, 동작시키는 등 일련의 인간 활동에 도움을 주는 보조자로서 그 역할을 해 왔으며 작업자의 노력을 최소화하고 창출 효과를 높이기 위해서 이용되었다. 이처럼 애초에 인간의 의도나 기획의 범주에 그 역할이 머물러 있었던 소프트웨어가 AI로 발전하면서 인간 역사와 삶에 관한 방대한 정보들을 학습도 하고, 이를 토대로 창작하고, 실현하는 능력으로 발전했다. 게다가 자유로운 추론을 통해 어떤 선택에 대해서 결과를 내놓고 바로 수행까지 하는 행위자 역할도 하게 될 것이라고 한다. 이런 일들은 얼마 전까지만 해도 인간 고유의 영역이었다. 심지어 오픈 AI에서 개발한 ChatGPT-4의 경우 인간 IQ 140의 지능이 해낼 수 있는 과제를 척척 완수하는 것을 미디어를 통해서 목격했다. 사람의 평균 지능보다도 훨씬 높은 수준이다. 앞으로 인간의 지능보다 더 높은 인공지능이 인구수보다도 많이 세상에 보급된다면 미래는 과연 어떤 세상으로 변하게 될 것인가? 적자생존의 법칙은 유지될 수 있긴 한 걸까?

기술이 자연과 협력 관계를 유지하는 거라면 그것이 재앙이 아니라 진화의 결속력을 더 강화하고 '자연과 세계의 온전성'을 유지할 수 있을 것으로 믿는다.

하지만 인간은 자연계의 본질을 흩트려 놓는 쪽으로 건드리고 있다. 인간의 욕망이 모든 원칙 위에 군림하는 한 과학과 기술은 그 시녀일 뿐이다. 자연은 자연계의 법칙을 고스란히 따라야 하는 본성의 주체다. 과학과 기술의 능력을 이용해 질량과 에너지 보존의 법칙을 거스를 수 없다. 하지만 오늘날 제도들이 모두 한결같이 욕망 아래 꿇어 있으며 자연법칙은 기술을 실어 나르는 배로 전락했다.

뇌

현대 과학이 주목하는 분야 중에서 요즘 가장 관심 있는 것이 인간의 뇌에 관한 연구다. 초창기 과학은 뇌에 비추어진 사물의 본질을 탐구하고 캐내는, 다시 말해 인간의 오감을 통해서 뇌에 입사되는 피사체를 연구하는 데 집중했다.

오늘날의 관점에서는 그 당시 과학이 피사체를 단순히 체계적으로 관찰하기는 했지만 자연과학 분야에서 기초 단계에 불과했다. 뇌와 사물이 자유롭게 연대를 이어 가면서 사람들은 또 다른 사실에 대한 실마리를 발견했고 이 의식이 발전하여 우주의 숨은 비밀까지 밝혀내려는 욕망으로 넘쳐 났다.

하지만 이 욕망이 빈약하게 수집된 정보와 지식, 일부 밝혀낸 원리에 의존하다 보니 근대 과학이 자연 진리를 증명하고 명확히 정의를 내리는 데 한계가 있었다. 때로는 그 당시 지식인 중 일부가 어떤 자연현상의 발견을 증명하기 위해서 가장 강력한 증명 수단으로 수학이어야 한다는 점에는 동의했지만, 수학적 방법으로 자신이 발견한 진리를 규명한다고 해도 고작 9세기 이슬람 수학자가 개발한 사칙연산과 방정식, 대수학 논리를 계승한 정도에 불과했다. 따라서 자연에 존재하는 심오한 진리의 문제를 다룰 때는 오류가 많았다. 이런 노력이 수학의 발전에 크게 영향을 주었지만, 모든 사람이 수학을 공유하지는 못했으며 그들의 은밀한 대화에 불과했다.

그러다가 18세기에 들어서면서 상황이 달라졌다. 사물에 대한 과학적 정의들이 밝혀지고 그 원리를 실용화시킨 상품들이 출시되면서 제품이 대량 생산 시대를 맞이하였다. 산업혁명 시기에 그들의 은밀한 대화는 세상 밖으로 나와 실현되었다. 산업혁명은 기초 과학이 기술과 만나 새로운 시대를 창출했다. 기술이 과학에 부록처럼 따라붙으면서 어떤 사물이 다른 형태와 형질로 실체화되었고 이것을 통해 인간의 삶에 편익을 제공했다. 이렇게 파생된 아이디어들은 다시 과학자들에게 많은 영감을 주었으며 다양한 원리를 찾아냈다.

기술자들은 과학자들이 내놓은 사물의 원리 위에 실용화할 수 있는 실체들을 연달아 만들어 세상 위에 라인-업했다. 이는 마치 탑을 쌓은 것과 같다. 과학자가 지대석과 하대석을 마련하면 그 위에 기술자들은 탱주와 우주, 상대면석 등을 쌓고 또다시 과학자들이 그 위에 상대갑석을 쌓으면 기술자들은 탑신을 쌓고. 이렇듯, 과학과 기술은 탑을 쌓아 나가듯이 인간의 '욕망에 기반한 풍요로움'을 쌓아 가는 일련의 순환 구조를 형성했다.

이런 순환 구조가 단단히 틀을 잡게 되니 창의적 발상도 폭발적으로 늘어났다. 우라늄-235에 중성자 하나를 쏘면 여기서 기하급수적으로 핵분열 반응이 일어나듯이, 하나의 원리가 서로 다른 기술들과 맞부딪혀서 기하급수적인 기술 산업 생태계를 조성했다.

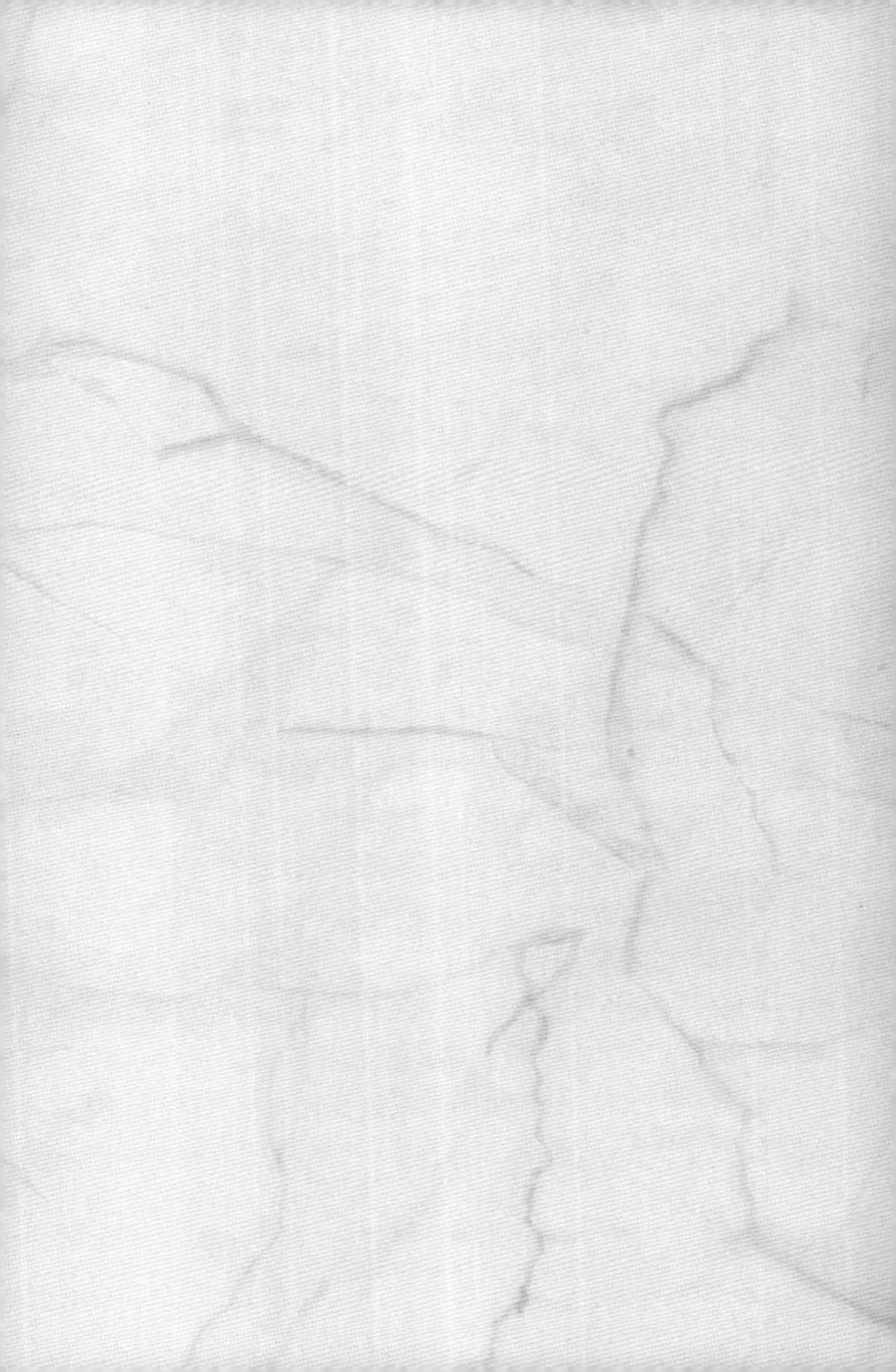

IV

자
연
법
칙

부모가 되어서 어찌

✳

　기술의 발전은 인간의 삶을 편리와 안락, 쾌락과 흥분, 의지와 욕망을 충족시키는 방향에 고정되어 있다. 기술은 자연을 이용하고 공격하는 데 가장 완벽한 수단이고, 그 반대로 자연은 참혹한 피해자다. 자연을 악화일로로 몰아간 데는 자연을 기술의 압축기에 욱여넣고 비틀어 짜 왔기 때문이다.

　자연으로부터 제공되는 혜택에는 미래를 위한 몫으로 남겨야 할 것도 있다. 하지만 우리 인간은 그럴 생각이 없다. 미래의 몫까지 사정없이 끌어당겨 갈취하는 데 여념이 없다. 우리가 부모 마음이라면, 자식에게 남겨 주어야 할 재산을 모두 가로챌 수 있을까? 그러고도 자식에 대한 죄책감과 근심을 갖지 않는다면 그야말로 몰염치한 부모 아닌가. 혹시라도 자식이 어디서 넘어져 다치기라도 한다면 '차라리 내가 다쳐 아픈 게 낫다.'라고 생각하는 것이 부모 마음 아니겠는가. 우리는 지금 죄의식과 책임 의식이란 게 없는 듯하다. 자식에 대한 것이라면 기쁜 것보다 슬픈 것에 더 민감하고, 자식이 하던 일이 잘되었을 때보다 안되었을 때 더 사무치는 게 부모 마음이다. 자식에 관한 한 안타깝고 고통스러운 심정이 생기는 것은 부모의 측은지심인데 어찌 우리는 미래 자식에 대해서는 전혀 배려할 생각을 하지 않는가.

　기술을 이용하여 자연을 갈취하기 시작한 것은 비교적 최근이다. 지금까지도 인간의 이성을 '신이 인간에게 준 고유한 능력이며 지혜다.'라고 여기고 있다. 그래서 '책임져야 할 의무도 없다.'라고 생각하며 미래에 남겨야 할 유산들을 찢고, 자르고, 부수고, 으깨고, 갈취하는 데 총력을 쏟아붓는다.

미래의 불행을 우리는 체감할 수 없다. 그래서 다가올 사건들에 대해서 염려하고 고민하는 행동은 미약한 동정심에 머물러 있다.

대체로 인간은 훗날 후회할 일이 예고된다 해도 당장 편리하고, 안락하고, 쾌락적인 것에 집착하며 생활한다. 이에 자연은 우리로 인해서 고통으로 신음하고 있다. 그 와중에도 자신이 내어 줄 수 있는 원천적 에너지를 기꺼이 내어 주며 신음한다. 자연은 자신이 괴로워 몸부림치면서도 지금 인간을 용서하기 위해 신호를 보내고 있다. 우리의 행동으로 인해서 생긴 지구의 이상 기후, 생태계 교란, 인위적 멸종은 인간을 향한 회초리다. 이 회초리는 어쩌면 인간을 용서하고 있다는 증거다. 그러나 이 회초리질마저 끝나는 순간 멸망만 남게 될 것이다.

하지만 우리는 자연이 이상해졌다고만 떠들어 댄다. 만약 인간을 용서할 마음이 애초에 없다면 아마 지금쯤 인간은 이 땅에서 사라져 버렸거나 아니면 생태계 지위가 바뀌어 변화에 순응한 동물이 이 세계를 장악했을 것이다. 왜냐하면 우리 인간은 자연 상태에서 생존할 확률이 여타 동물들과 비교해서 현저히 떨어지기 때문이다.

우리가 혹시 후손들이 자신이 겪어야 할 불행에 대해서 '부모가 미래를 무지하게 바라본 과오였을 뿐.'이라고 여기리라 보고 있는 것은 아닌지. 그러나 천만의 말씀이다. 후손은 우리를 지켜보고 있고 반드시 가혹하게 우리를 평가할 것이다. 역사는 늘 평가의 과정을 통해서 진보했다. 하지만 그때는 진보가 아닌 퇴보하게 만든 이유를 찾으며 우리가 후손들이 세운 심판대에 서게 될 것이다. 심판대에는 지나간 것이 '진보한 것인가 아니면 퇴보한 것이가?'를 판단할 때 그 가늠자가 '자연법칙'이 될 것이며 '자연법칙'은 진화 방식과 생태계 규칙의 원천 정보를 담아서 철저하게 인용될 것이다.

자연을 위한 양보

✳

 인간에 의해서 자연이 파괴되는 속도가 가속화되면서 자연은 스스로 회복할 수 있는 속도가 정지되는 쪽으로 흘러간다. 지구는 지금 '급소'의 경계를 넘나들고 있다. 오늘 당장 지구에 심각한 문제가 생긴다 해도 전혀 이상하지 않을 그 경계에 우리가 서 있다.
 인간들 사이에서 우호적으로 맺어진 관계, 즉 인간 사회에서 요구되는 덕목이 자연과의 관계에서도 꼭 필요한 덕목이라고 보는 것은 오해다. 인간은 늘 자기중심적으로 생각하는 경향이 있다. 때론 인간들이 지키고 행동하는 도덕률로 인해서 자연이 황폐해진 경우가 발생한 적이 있기 때문이다.
 인본주의가 아직 인간 사회에 굳건히 자리 잡은 상태라고는 볼 수 없다. 하지만, 인간과 자연을 동일한 가치 척도의 비교 대상으로 삼지 않는 것은 여기에 인간의 독소적인 이기심이 개입되어 있기 때문이다. 만약 어떤 한 사람이 수십 마리 맹수에 둘러싸여 생명이 위급한 상황에 놓여 있다 치자. 이를 발견한 사람은 맹수들을 죽이는 데 서슴지 않을 것이다. 이런 행동에는 인간과 인간을 제외한 생태계 모든 생물을 같은 가치 척도의 범주에서 바라볼 수 없다는 의식이 인간의 마음을 지배하고 있기 때문이다. 7만 년 전부터 인간은 모든 자연과 질적으로 다른 존재로서 생태계 최고 권좌에 스스로 올랐고 마치 올림픽 경기에서의 메달처럼, 금메달 1개를 취득한 나라가 은메달만을 여러 개 취득한 나라들보다 순위가 항상 위이듯이 인간과 자연의 등급을 스스로 그렇게 규정했다.

그런데 인간이 매긴 등급이 아이러니하게도 지구 생태계 질서를 위협하고 있다는 것이다. 거기에는 인간이 자신의 생명을 유지하는 데 사용하는 에너지보다 쾌락과 나태한 행위를 보상하기 위해 사용하는 에너지와 자원이 훨씬 많고 이것은 줄곧 자연을 파괴하는 방향으로 이어져 왔기 때문이다. 등급 이하의 모든 사물은 한 사람의 가치 밑에 있을 뿐이어서 한 사람의 인권은 모든 동물과 식물 그리고 자원이 파헤쳐 불모지로 황폐화되는 것보다도 존중해야 하는 가치로 고정시켰다.

마케도니아의 정복자 알렉산드로스가 아시아를 정복할 당시 자신의 확고한 철학이 있었다. 고대 로마의 역사학자 플루타르코스[30)]는 정복지에서 알렉산드로스의 행동이 어떠했는지 이렇게 설명하고 있다.

> "… 알렉산드로스는 정복한 지역에서 정복에 필요했던 모든 편견을 버렸으며 페르시아인들에게 그리스 습속을 따르게 했으며, 자기 자신은 정복지의 습속과 예속을 따랐다." - 플루타르코스, 『플루타르코스 영웅전』 중에서.

알렉산드로스는 자신이 정복한 나라의 습속과 제도가 우수하다고 여겨지면 그리스의 관습과 예법을 전도하기보다 그들의 관습과 예법을 받아들이고 따라야 한다고 생각했다. 심지어 자신을 호위하는 심복들의 반대를 무릅쓰고 그 나라의 관습과 전통을 받아들여 적국의 여인들을 아내로 삼기도 했다. 알렉산드로스는 적국으로 규정하

---

30) 플루타르코스(AD 46~AD 120)는 고대 그리스 시대의 철학자, 정치가, 작가다. 그는 중기 플라톤주의 철학자 중의 한 명이었으며, 『플루타르코스 영웅전』 외에 유명한 저작으로는 『도덕론』이 있다.

며 정복한 나라일지라도 정복지의 사회 풍토와 문화는 말살하지 않았다. 또한 승자가 된 자신을 미화하며 우상화하지도 않았다. 교환 법칙에 따라 그는 자신의 문화를 정복지에 전파한 대신 정복지의 전통을 받아들이는 일에도 충실했다.

인간은 모든 자연 위에 군림하고 있다. 자연을 물리적으로 정복한 존재자로서의 입지는 분명하다. 자연과의 관계에서 인간이 폭군이 될 것인가 아니면 위대한 정복자가 될 것인가의 질문에 관한 답변에 대해서는 알렉산드로스의 행동에서 찾으면 좋겠다.

인간이 자연의 섭리에 잘 순응할지, 아니면 그 반대가 될지 그 차이에서 인간과 자연의 미래가 결정될 수 있다. 인간이 만들어 놓은 인위적인 질서에다 자연의 모든 질서를 관철하려고 하는 것은 인간의 독선이다. 지금까지 소설가, 미디어 개발자, 예능 프로그램 종사자, 오락 프로그램 개발에 몰두하는 사람 등 이들 대부분이 인간의 감성을 소재로 다루어 왔고 자신의 활동을 널리 보급하기도 했다. 이들이 하는 작업들은 대개 인간의 오감을 통해서 주입될 자신이 만든 정보나 창작물이 사람들의 뇌의 어떤 특정 부위(예를 들면 감정을 다루는 우뇌)에 자극을 부추기고 그것이 재화와 이어질 수 있는 연결 고리 구조에 관심을 가져왔다. 직관, 공간 지각 능력, 감정 등을 관장하는 뇌의 기능은 사람마다 반응하는 정도가 천차만별이지만, 그것이 재화와 연결된다는 사실을 직감적으로 파악하고 있었다. 물론 사랑과 연민, 고뇌, 슬픔, 기쁨, 이런 숭고한 인간의 본성을 다루기도 하지만, 그 이면에 독초처럼 자라는 인간의 이기심이 훨씬 크다.

인간 본성에 대해서만큼은 한쪽으로 경도하여 판단해서는 안 된다는 것을 잘 안다. 게다가 인간 본성의 특성 중에서 선한 것만 골라 침소봉대하지도 않아야 한다. 이런 행동이 결국 자연과의 사이를 더욱 벌려 놓으리라는 것을 잘 알고 있기 때문이다.

루소는 짤막한 글로 학문과 예술을 비판한 적이 있다. 학문이 인간의 특정한 목적의 노예가 되는 것을 무척 경계했다.

> "학문이 사람의 욕심을 자극하고 욕심을 더욱 조장하였으며 신민의 인권과 자유는 무시된 채 왕과 특권층의 권리만을 공고히 하는 데 지원했다. … 게다가 진리를 왜곡하는 일도 서슴지 않고 선량한 사람들의 정신을 도탄에 빠뜨리게 하는 데 앞장섰다." - 1750년 7월, 장 자크 루소,『학문과 예술에 대하여』중에서.

루소는 왜곡된 학문은 인간의 정신을 도탄에 빠뜨리고 욕심을 조장한다고 했다. 마찬가지다. 오늘날 미디어가 이와 같은 역할을 하고 있다. 그런데 이상한 것은 그 당시의 학문은 인간 사회의 불화에 초점을 맞추고 있었지만, 미디어는 인간과 자연의 불화를 조장하는 원인이 되고 있다는 점이다. 미디어는 인간 감정의 촉수 하나하나를 자극하며 거기서 떨어지는 동전을 줍기에 바쁘다. 그런데 더욱 심각한 것은 그런 일들이 모두 자연을 희생양으로 삼아 창출한 것들이다. 인간을 제외한 모든 동물은 자신의 감정을 위해서 자연을 마구 희생시키는 일이 거의 없다.

한 줄기 빛, 그나마 이성이 있기에

✴

 우리는 앞으로 자연과 어떻게 우호 관계를 맺고 공존해 나갈 것인가를 신중히 고려하지 않으면 안 된다. 인간이 자연 상태에서 인간을 위한 가장 이롭고 좋은 패를 쥐고 있다. 생존에 관한 '최적의 조건'을 자연에서 찾아 독점해 왔다. 인간이 이토록 유리한 고지에서 자연을 지배할 수 있었던 배경에는 인간에게 이성이란 무기가 있기 때문이다.

 인간의 이성은 감각을 통해 사물을 관찰하고, 유추하고, 형상화하고, 추상화하고, 심지어 다른 사물의 감정 속에 이입하며 대상을 통합했다. 무는 개미의 행동에서 스테이플러를 착상하고, 흡혈 거머리로부터 착유기와 진공 집게를 구상할 줄 알았으며 또한 옷에 달라붙는 도꼬마리 열매로부터 벨크로를 생각해 내기도 했다. 이를 두고 '이성의 간지'[31]라고 말하는 사상가도 있다. 이성을 가진 존재는 아직까지 인간뿐이다. 이 능력은 자연의 대상을 통합하기도 하지만 분리시키기도 한다. 때론 우주 밖 광활한 공간과 작은 입자의 공간을 여행하기도 하며 경험하지 않은 세계관에 대한 해석과 정의도 자유자재로 구사할 줄 안다. 심지어 존재하지 않은 곳을 그려 낼 줄 알았으며 감사한 일이 생기면 감사한 이유를 찾았고 분노한 일이 생겼을 때는 분노의 원인을 찾았다. 이처럼 이성은 늘 사태와 관련한 원인

---

[31] 게오르규 헤겔(1770~1830), 독일의 사상가. 그는 『역사철학강의』에서 이성의 간지에 대하여 설명했다.

과 이유를 찾아 제시하려는 위치에 서 있다. 그런데 과연 인간의 이성이 자연법칙에 따라 진화한 것은 맞을까?

신화에 따르면, 금기의 과일을 따 먹은 죄로 자신이 살던 곳에서 동쪽으로 쫓겨난 존재가 있었다고 하는데 그게 인간이라고 한다. 이후로 이들은 실낙원을 되찾고자 열망했다. 그런데 문제는 이 열망 안에 자연의 기본 질서를 혼란에 빠뜨리는 이기심만 가득 차 있다는 점이다. 열망과 이기심을 쌍둥이처럼 품에 안은 이성은 신이 내린 진정한 저주의 코드였으며 명령이었다. 이때부터 인간은 조금씩 동쪽을 향해 더 밀려가게 되었으며 그 덕분에 자연과 더욱 동떨어진 존재로 살아야 했다.

우리가 꼭 알아야 할 사실이 있다. 이성의 '발전'과 '성장'을 결코 '진화'로 이해해서는 안 된다. 진화는 열망하지 않는다. 이기적이지도 않다. 다만 유전자 정보를 다음 세대에 가장 안전하고 보수적으로 전달하는 통로이다.

다행히도 이성이 법과 규제, 계약, 통념에 의해 절제되는 질서를 중시한다는 점과 그 안에서 인간과 자연이 공존할 수 있는 과제를 찾아 해결하려고 노력한다는 점에서 중심을 잡아 주고 있기에 무턱대고 달릴 줄만 아는 감성을 이성이 통제할 수 있게 되는 것이다. 욕망이란 열차에 실려 폭주만 하는 세상은 마치 아프리카 누 떼가 몰려다니듯이 한 방향으로만 달리며 세상에 온통 흙먼지를 흩뿌리는 것과 다를 바 없을 텐데 이런 세상이 과연 공존을 가능케 할 수 있겠는가? 그래서 쇼펜하우어 당신이 순 엉터리라는 얘기다.

'자연법칙'이 해법이 되어야

✳

　언제부턴가 인간은 자연과의 소통을 단절한 채로 살아간다. 욕망이 얼기설기 엮어 놓은 고립된 질서 속에 매몰된 채로 자력으로는 도저히 헤쳐 나올 수도 없는 상태에 있다. 가까이에 있는 자연은 이미 손쓸 수 없을 정도로 자신의 모습과 기능을 상실했고 멀리에 있는 자연 역시 곧 욕망의 불길이 닿아 점화될 위기에 놓였다. 욕망은 과학과 기술조차 호기심의 영역으로 끌어들이는 데 주저하지 않았다. 과학과 기술이 호기심의 종속물이 된 후로 자연과 인간이 공존할 수 있는 공간은 더욱 좁아졌으며 자연이 끌어안아야 할 비탄의 무게는 더욱 늘어만 갔다. 과학과 기술의 본질 속에 감춰진 절망적 요소들은 기대와 희망으로 변환될 수 없으며 도화선에 붙은 불은 이후에는 그것이 스스로 꺼진 적도 없다. 맨해튼 프로젝트로 완성한 팻맨과 리틀보이가 차르붐바로 이어지고, 파울 뮐러에 의해서 발견된 살충제 DDT(Dichloro-Diphenyl- Trichloro-ethane, 다이클로로다이페닐트라이클로로에테인)가 꿀벌과 딱정벌레, 소귀나무, 월귤나무, 쑥부쟁이, 들종다리, 찌르레기, 울새, 사향뒤쥐, 여우다람쥐 등의 죽음으로 연결되었을 뿐 아니라 비옥한 토양은 산성 처리되어 어떤 식물도 자라날 수 없게 만들었다. 그런데도 지식인의 멈추지 않는 과학적 호기심은 단칼에 끊어 내지 못하고 있다. 이를 두고 레이첼 카슨은 이런 말을 했다.

> "제 힘에 취해서 인류는 제 자신은 물론 이 세상을 파괴하는 실험으로 한 발씩 더 나아가고 있다." - 레이첼 카슨(1907~1964), 『침묵의 봄』 중에서.

인간이 자연과의 관계에서 일어나는 모순들을 기계적으로만 해결하려는 이유 때문에 자연과 상충하는 일이 많아졌고 그것이 자연의 경고라는 사실조차도 모르는 듯이 외면하고 있다. 이를 두고 E.B. 화이트는 이런 말을 했다.

"나는 인간이란 종에 관해 비관적인 견해를 갖고 있다. 인간은 자신의 이익을 위해 너무나도 교묘하게 행동한다. 인간은 자연을 투쟁의 대상이자 굴복시켜야 할 상대로 인식한다. 인간이 이 지구를 무시하고 마구잡이로 대하는 대신 지구에 순응하고 감사하게 생각한다면 우리의 생존 가능성은 조금 더 높아질 것이다."

인간이 자연과의 관계에서 일어나는 모순들에 관해 기계적으로 해결하려는 의도로 인해서 자연과 상충하는 일이 많아진 것이 사실이지만 그것이 자연의 심각한 경고라는 사실에 관해서는 모른 척한다. 문제가 도사린 마디마다 꼬여 있는 상황을 기계적으로 해결하는 방법만을 강구하고 대책을 내놓기만 할 뿐 자연으로 돌아갈 방법에 대해서는 아예 고려치도 않는다. 인간이 제시해 왔던 방법이란 것이 대체로 자연에 순응하고 지속 가능한 공존을 위한 명제를 기반으로 해법을 제시한 것이 아니라 인간의 욕망을 꽉 끌어안은 채로 대안만을 내놓은 터라 이런 상황에서는 지속 가능한 미래란 없다.

몽테스키외의 『법의 정신』에서 '만민법'의 필요 이유를 자연법칙으로 풀어 표현해 보자면, "사람과 자연이 평화로울 때는 서로에게 최대 선을 베풀고, 이익을 극대화하도록 하고, 사람이 자연을 향한 욕심으로 바라보게 되어 피치 못한 공격이 행해질 때는 공격자가 최소한의 악이 향해지도록 다수가 합의로 제재해야 한다." 이 정의 역시

'자연법칙'의 기본 행동 규칙이 되어야만 인간과 자연의 공존을 위한 명제들이 새싹 돋듯이 돋아날 것이다.

"사회는 불평등으로부터 생겨난 적대 관계를 극복할 능력이 없다. 따라서 '통일 체제-system of government'가 이 일에 전력을 기울여야만 한다."라고 주장한 헤겔 (Georg wilhelm friedrich hegel, 1770~1831)의 말처럼 통일 체제로서의 '자연법칙'이 이 시점에 반드시 필요하다. 불평등의 위치에 있는 자연의 모든 기능이 회복되어야 하며 인간의 이성은 이에 전력을 기울여야 한다.

또 다른 신, 정보 기술

✳

　사물의 본성적 규칙과 자연법칙의 원리를 바탕으로 창발한 과학은 지식인들에게는 신앙과도 같은 것이었다. 2천 년 동안 종교가 국가와 민족 간 대립을 조장하고 그러는 사이 인권은 그저 신 아래에 굴복되어야만 했지만, 과학자들이 수립한 새로운 질서를 통해서 신의 주장들이 하나씩 부인되기 시작했다. 이들은 당장에 수적으로 우세한 종교 추종자들로부터 지탄과 뭇매가 두려운 나머지 자신의 글 속에 마치 반성문을 끼워 넣듯이 "신의 배려와 숭고함에 감사한다."라는 말을 넣기도 했다. 뉴턴도 사실은 자신의 저서 『프린키피아』를 출판할 당시에 신을 찬양했다.

> "태양계의 체계가 만들어지려면 현명하고 강력한 존재의 손길이 반드시 필요하다. 만물의 창조주인 신은 모든 것을 다스리며 우주에서 일어나는 모든 일과 일어날 수 있는 모든 일을 알고 있다. 신은 모든 곳에 항상 존재한다." -아이작 뉴턴, 『프린키피아』 중에서.

　라플라스는 뉴턴의 과학에 매료되었다. 자신의 종교관은 무신론에 가까운 이신론자이었기 때문에 이 문장의 주어 자리에서 '신'을 '뉴턴의 물리학'으로 바꾼 것이고 신에 대한 칭송을 뉴턴의 운동 법칙에 대한 칭송으로 변경하여 과학을 찬양했다. 심지어 뉴턴의 운동 법칙을 미래의 운명까지 관장할 수 있는 절대자로 여기기까지 했다.
　갈릴레이 갈릴레오는 교황청의 권력으로 태양계 운동을 가로막는다고 해서 지구가 태양 주위를 회전한다는 사실과 그 신념을 포기할 수 없었다. 그 신념은 자신이 수집하고 직접 목격한 무수한 증거로 다져진 확신이었기 때문이다. 또한 자신의 신념에 한 가지 의미를 더 내포하고 있음을 밝히는데 그 어떤 권력도 자연의 원리와는 별개이며 권력에 의해서 그것이 변경되거나 수정될 일이 없다는 사실에 관한 것이다. 갈릴레이는 미래를 내다보았다. 사람들이 진리를 바라보는 관점을 언젠가는 자연의 원리와 이치 속에서 찾게 되리라는 것을 믿었다. 그 당시의 시대적 상황에서는 자신의 신념이 핍박의 대상이 되고, 신변의 위협으로 안전을 보장받을 수 없는 이단자로 치부되고, 과학의 진실성을 채택하기보다는 기독교 교리에 위배되는 주장을 문제 삼아 한 사람의 목숨을 위협하는 상황이었기에 교황의 비위를 건드려서는 안 된다는 위급 상황에 급히 몸을 수그릴 수밖에 없었다.

  1624년 교황 우르바노 8세는 저자세로 고개 숙인 갈릴레오에게 이런 반박문을 보냈다.

  "하느님은 자연을 본인이 원하는 어떤 방식으로든 창조하실 수 있기 때문에, 어떻게 해서 그렇게 되었는지를 설명하는 어떤 물리적 가설이 반드시 필연적인 진리라고 주장하는 것은 하느님의 전능을 제한하는 것으로서 옳지 않다."

  1633년, 교황청에서 재판을 받고 그 형량으로 가택 연금이 된 지 1년이 지난 후 갈릴레이는 수많은 재판관과 추기경 앞에서 무릎을 꿇어야만 했다. 자연의 원리가 종교의 권력을 압도할 수 없었던 시절이었기 때문에 신에 대한 불경죄라는 명목으로 형을 받아들여야만 했다. 더 나아가 갈릴레오는 자신의 행동이 '잘못된 이단'이라고 만인 앞에 선언해야만 했다. 사실 역대 우주의 섭리와 자연법칙을 일깨웠던 위대한 인물치고 보통 이런 크고 작은 고난의 과정을 거치지 않은 적이 없었다.

과학혁명 이후로 점점 신성모독이나 탈종교적 행동에 대한 고난의 강도가 약해졌다. 물론 기독교 신앙과 대립해 온 또 다른 종교관에서는 지금도 사람의 생명을 하찮게 보는 경향이 있지만, 르네 데카르트, 아이작 뉴턴, 토머스 홉스, 존 로크, 장 자크 루소, 볼테르 등으로 이어지는 사상가들의 활약으로 신은 점차적으로 자연과 우주의 물리학적 과학관에서 손을 떼기 시작했다.

과학이 발전하면서 쌓여 가는 우주와 자연에 관한 증거 자료들은 종교관에서 자주 거론되는 재이론(災異論)적 처벌[32]들에 관하여 근거가 없다는 사실을 알렸다. 또한 과학적 연구가 추진될수록 그에 따른 증거 자료가 연달아서 시대적 사상들과 줄탁동시(啐啄同時)했고, 그 결과 굳건했던 비잔티움의 테오도시우스 성벽이 우르반 대포에 힘없이 무너져 버린 것처럼 교황청의 아성도 무너졌다.

하지만 형이상학적 신이 새로이 등장했다. 과거의 신은 자연계에서 설 자리가 점점 사라져 갔지만, 또 다른 존재가 인간의 삶 속에 깊이 파고들어 오고 있다. 과거의 신은 계시와 예언, 언약이라는 도구를 이용해 사람들을 움직이게 했다면 새로 등장한 신은 사실과 허구, 진실과 왜곡, 참과 거짓 사이를 넘나들며 사람들의 행동을 제약하고 있다.

---

[32] 사람이 잘못을 저지르면 하늘이 벌을 내린다는 사상.

'진화'에 관하여

✳

 오늘날 드러나는 지구적인 위기는 인간이 자신의 이익과 기대치만을 자연에 한껏 보탠 탓에 있다. 자신만을 이롭게 하는 행동들을 추구함으로써 스스로가 순응적으로 작동해 온 추진력을 파괴력으로 돌려받는 상황이다. 파괴력은 시간을 동력으로 삼아 가중됐다. 여러 이름의 혁명으로 이제껏 이어 온 역사에 깊이 뿌리를 내린 인간의 이기심은 생태계에서 가장 위험한 악재들이 되었다.

 인간만이 통용하고 이해되는 이상한 사회현상으로 인해, 이것이 불러일으키는 자연계의 도탄으로 말미암아서 수많은 종에게 위험요소가 됐다. 뭇 생명을 가진 존재들의 진화 원리는 자연환경에 조응하면서 변화를 점진적으로 추구하는 것에 기반하고 있다. 인간이 감지할 수 없을 정도의 기나긴 시간 동안 더디게, 그리고 변화체 자신이 변화되고 있는 감각을 느끼지 못할 만큼 매우 미세하고 소극적으로 작용하고 있다. 이 작용이 진화이며 진화의 변화량은 '0'으로 수렴한다. 진화의 변화량이 '0'에 수렴한다는 사실은 화석들이 말해주고 있다. 현재와 화석 사이의 시공간은 인류가 점유한 시공간보다 훨씬 크다. 하지만 현재 생존하고 있는 동식물과 그 조상 사이에서 일어난 진화의 변이량은 우리가 밝혀낼 수 있을 정도다. 태양과 자연계가 처음과 같이 본연의 모습이 유지되는 조건이라면 앞으로도 진화의 변이량은 크지 않을 것이다. 왜냐하면 자연은 안정되어 있다고 믿으면 스스로 변화를 일으키는 데 쓸데없는 낭비와 시간을 허비

하지 않을 것이기 때문이다. 그래서 자연 상태의 어떤 개체가 진화하고 있는 상태나 그 상황을 목격한 사람이 나타나지 않는 것이다.

게다가 인간의 생명은 매우 짧다. 인간에게 주어진 아주 짧은 시간적 공간으로 장구한 시간 사이에서 일어나는 진화량을 비교한다는 자체가 기본적으로 불가능한 것이다. 그래서 자연 상태에서의 생물종 중에서 진화하고 있는 상태를 직접 목격했다고 말하는 사람을 볼 수 없는 것이다(다만 당대에 변화를 체험할 수 있는 종, 이것을 우리는 육종이라 부르는데 육종은 우리 인간의 기호에 맞추어 개종한 동식물이란 점을 생각할 때 생태계의 무궁한 타임라인 위에서 그들이 과연 적자생존의 능력을 갖출지는 미지수다. 그리고 육종이 순수한 진화적 결과물이 아니라는 점에서 진화의 체계가 이를 수용할지는 알 수 없는 일이다). 따라서 우리가 자주 쓰는 용어 '진화'는 생태계에 실질적으로 영향력을 행사하며 모든 종에 작용하는 것은 분명하지만, 인간의 감각으로 다가오는 실체가 아니며 오히려 추상적으로 받아들여지는 것이다.

인간이 생태계의 엄혹한 원리와 질서 속에서 생존하기 위해서는 앞서 언급한 바와 같이, 지구의 운동과 태양이 순간 발산하는 에너지양이 불변인 상태를 가정해야 한다. 거기에 자연의 환경에 최대한 순응해야 하고 적자생존의 법칙도 따라야 한다. 그리고 무엇보다도 진화는 무척 더딘 속도로 자신의 형질을 바꾸는 과정이다. 자신의 단순한 신체 기능부터 샘플로 시험대에 올려놓고 환골탈태의 과정을 거쳐 힘겹게 이겨 낼 수 있어야 겨우 그 기능 하나가 생존권을 부여받는다. 이 하나의 과정도 수천 년의 시간이 필요할 수 있다. 이것이 진화 시스템의 속성이다. 요컨대 자연 상태에서 주어진 시간 동안(예컨대 '수백만 년이 지난 후'라는 수식어가 붙을 만큼의 장구한 시간 동안) 발생하는 생태계의 변화량, 즉 진화 총량을 함수로 설명한다면 순간 진화량(시간당 변화량)이라는 미분 함수를 정해진 시간 사이에 적분한 것과 같다. 그래서 생태계에서 일어난 생물 종의 변화량을 물리량으로 표현했을 때 진화의 양을 '$f(t)$'라고 표현할 수 있으며 이에 비해 극미한 시간 사이에 발생하는 '진화'는 미분량(극미한 진화와 그 방향성)이 되어 '$f'(t)$'로 표현할 수 있다. 즉, $f(t) = \int f'(t)dt$라고 적분식으로 설명할 수 있다. 진화의 미분은 시간을 극미하게 쪼갰을 때 도함수라고 할 수 있는데 생태계에서 변화는 수천 년의 시간이 흘러서 형태가 비로소 드러나듯이, 생물의 일생은 거의 '0'에 수렴하는 값이 되기 때문에 변화량 역시 존재하지 않는 것처럼 보인다. 그러므로 우리가 어느 시점에 있든지 자연 상태의 모든 생물의 진화 변화량을 감지할 수 없는 것은 당연한 이치다.

적자생존의 법칙은 생태계에 획일적으로 적용되는 특성에 따라 적자가 아닌 종은 도태된다. 하지만 동일한 시대의 같은 종이라도 서로 다른 환경적 조건에 부합할 때 드물지만 그 지점에서 종이 갈라지기도 한다. 마치 16세기 유럽의 기독교가 하나에서 둘 이상으로 갈라져 나뉜 것처럼, 처음엔 서로 불구대천지원수처럼 여겼든지 아니면 환경과 조건과의 합의의 과정을 거쳤든지 각자도생하는 길을 찾는 경우도 있다. 찰스 다윈은 갈라파고스섬에서 목격한 네 종류의 핀치새가 서식지의 조건에 부합하도록 부리의 형태가 각자 진화하게 된 것을 그 증거로 삼았다.

적자생존의 법칙은 승부를 가리는 시험에서 이긴 자에게서 볼 수 있는 힘, 단지 그것으로만 이해해서는 안 된다. 돌연변이도 있다. 돌연변이는 무리의 특질에서 이탈한 종이다. 이 변위가 장차 자신들의 진화 방향을 실험적으로 가정하고는 있지만, 적자생존의 장에서 스스로가 검증되지 않은 상태로 남아 있게 되는 경우가 대부분이다. 돌연변이는 대체로 자신의 모습을 성급히 드러내어 불완전하고 미숙한 상태에 있다. 이들은 이미 환경이 잘 짜 맞추어진 유사종과 그에 포함한 집단으로부터 공격을 받게 되는 상태로 항상 놓여 있다. 간혹 돌연변이가 색다른 진화 미분량을 선보이며 스스로 미래상을 드러내려고 안간힘을 쓴다 해도 위험에 노출되기는 마찬가지다. 이들은 얼마 가지 않아 무리가 공유하고 있는 진화 정보에 따라 방향을 결정하고 이에 강제로 정렬하게 된다. 그래서 돌연변이 자신의 일탈은 그저 개별적인 호소로만 남아 생태계 선별 시스템에서 걸러지는 대상이 된다. 따라서 돌연변이가 적자생존의 위치에 오르려면 자연환경 시스템이라는 적분식에서 미분화될 때만이 가능하게 된다.

프랑스 철학자 베르그송(1859~1941)은 자신의 저서 『창조적 진화』를 통해 진화의 성질을 독특한 방식으로 설명하고 있다. 그는 진화에 대해서 '유기화 속의 생명의 원초적 약동(엘랑 비탈)'이라는 개념으로 설명했다. 생물은 연속적으로 변화하려는 속성을 가지고 있고 시간을 '지속'이라는 개념에 포함하여 이 어려운 진화의 본질을 설명하려고 했다. 그의 주장에 따르면 '엘랑 비탈은 한마디로 생물 종의 질적 변화'라는 것이다. "질적 변화를 동반하는 시간, 즉 '지속'이 핵심적 동인 요소로서… 명확한 윤곽도 없고, 서로의 밖에 있으려는 어떠한 경향도 없으며, 수(數)와는 어떠한 유사성도 없이, 서로 녹아들고 서로 침투하는 질적 변화의 연속이 엘랑 비탈이다."라고 말했다. 베르그송은 생명체의 진화를 "질적 변화를 거쳐 새로운 삶의 방향을 개척해 가는 엘랑비탈의 과정이다."

또한 베르그송은 진화는 상대적 개념이어서 "반대편의 물질이 있고 물질 안으로 들어가 에너지를 얻어 생명적 약동을 추구한다."라고 말했다. "돌연변이는 그래서 진화를 추구하려고 했던 것은 틀림이 없지만, 결국 엘랑 비탈의 장벽을 넘지 못하고 생명적 약동이 차단된 종인 것이며 따라서 우리가 종종 목격하는 돌연변이를 진화의 결정체로 바라보는 것은 잘못된 견해다."라고 말했다.

베르그송에 주장을 비유하자면, "진화는 생명의 질적 변화를 추구한다. 생명의 질적 변화는 자연법칙의 내부적 운동에 속한다. 이 내부적 운동은 군대가 행진하는 것과 같이 어떤 생물 종이 자신을 이루는 모든 기관과 세포, 혈관과 수관 등 모두가 질적 변화에 동참해야 가능한 것이며 여기에 한 걸음 전진하는 것도 매우 희박한 확률에 의해서다. 왜냐하면 진화의 발걸음에 동참하는 자신의 동료가 없기 때문이다."

'개선 가능성'에 관하여

※

생태계에서 진화를 지휘하는 요인은 시간이며 시간은 태양과 지구 활동의 지배 아래에서 모든 생물 종이 골고루 나눠 가지는 공통분모와 같은 중심 인자다.

태양은 일정하게 발산하는 고른 열과 빛, 그 외 여러 가지의 에너지를 지구에 지속적으로 흩뿌리며 그것을 생명 활동의 기반으로 삼은 생태계 모든 생명의 통치자로 지금까지 군림하고 있다. 태양은 생명 활동에 있어서 '지속'의 본질인 것이다. 그다음으로 생태계의 변화를 주도한 것은 '적자생존'의 법칙이다. 태양의 크기와 밀도, 지구와의 거리, 그리고 발산하는 그 밖의 에너지가 일정하리라는 전제에서 적자생존의 법칙으로 얽혀 있는 생물군의 투쟁이 생태계의 질서를 확립해 왔다. 이 투쟁은 오랜 시간 지속해 왔고 오늘날 생존하는 모든 생물체는 이 투쟁에서 생존한 검투사인 것이다.

그런데 인간의 출현으로 말미암아 태양이 통치했던 권좌가 위험해졌다. 지구의 모든 생명이 각각 다양한 방식으로 균형을 잃지 않고 공존했지만, 지구는 점점 캔버스에 단색 물감으로 칠한 그림처럼 특정한 종, 즉 인간만 생존할 수밖에 없는 환경으로 획일화되어 갔다. 이 지경에 이르게 된 근본적인 문제를 생각해 보면, 인간이 이성을 가진 유일한 동물로서 자연법칙의 권리를 언제부턴가 독차지하고 자연이 제공하는 이점을 아전인수로 제 실속만 차렸던 오만함이 극에 달하면서 시작된 것이다.

인간은 정작 자신의 미래를 내다보지 못하고 있다. 특히 인간의 이성은 감정의 노예가 되어 버렸고 그나마 세상의 이치를 제대로 해석하려는 이성의 움직임마저 덮어 버렸다. 호흡기 질환자가 처방받은 가루약을 만병통치약으로 여기고 있듯이, 사람에게 주어진 능력인 '완성 가능성'을 맹신하는 그 자체가 고작 대증요법에 의존하는 환자와 같다.

자연법칙에서 지속 가능한 원리라고 말할 수 있는 진화가 순리에서 비껴 나간 이유는 인간의 '개선 가능성' 또는 '완성 가능성'의 개입에서 찾을 수 있다. 장 자크 루소(Jean-Jacques Rousseau, 1712~1778)는 '개선 가능성'에 대해서 이렇게 말하며 우려했다.

> "인간은 환경의 도움을 빌려 다른 능력을 차례차례로 발전시키는 것이다. 이에 반해 동물은 몇 개월 만에 평생 변치 않는 모습이 되고, 또한 그 종은 천 년이 지나도 천 년 전 모습 그대로이다. 왜 사람만이 바보가 되기 쉬울까? … 아무것도 얻을 게 없어서 잃을 것도 없는 동물이 여전히 본능과 더불어 머물러 있는 반면에 인간은 '개선 가능성'으로 인해 얻었던 모든 것을 노화나 다른 사고 때문에 다시 잃고서 짐승보다 더 낮은 곳으로 떨어지는 것은 아닐까?" - 장 자크 루소, 『인간 불평등 기원론』 1부 중에서.

생태계는 가이아 여신의 숨결이 살아 숨 쉬는 하나의 거대한 인격체다. 장구한 시간을 통하여 심오하게 통찰하는 인내심과 순리에 대한 수호자로서의 인격을 지녔다. 하지만 가이아는 지금 깊은 잠에 빠져 있다. 자신으로부터 태어난 자식이 오랜 불화와 결투로 인해 심신이 지쳐 있기 때문이다. 그녀는 땅 위에서 생존하는 것들 사이에 작용하는 모든 자연법칙을 창조한 신이기도 하다. 자연법칙을 상호 균형된 관계에서 아주 느리지만 완곡하게 변화가 진행되도록 규칙화한 것도 그녀다. 그런데 그녀의 허락 없이 어떤 종이 나타나 진화 속도를 비틀고 단절하고 왜곡시키고 있다는 것을 알게 된다면 그녀의 분노로 인해 이 세상은 어떻게 될까? 루소 역시도 사람의 욕망에서 비롯된 '개선 가능성'이 결국 파멸의 길로 치닫게 될 것이라고 우려하지 않았는가. 가이아가 깊은 잠에서 깨어난다면 얼마나 두려운 일이 이 세상에 펼쳐지게 될지 상상해 보았는가.

지구의 역사에서 생태계 권좌의 판도가 대대적으로 뒤바뀐 적은 종종 있는 일이다. 그중 비교적 최근의 가장 큰 지구적 사건은 6,500만 년 전의 일이다. 우주에서 날아들어 온 한 덩어리의 소행성으로 말미암아 대형 공룡이 이 땅에서 사라지고 포유류가 지배하는 세상을 지구는 경험했다. 이 행성에서 일어난 전대미문의 충돌은 지구상에 존재하고 있는 생물 종 4분의 3을 없애 버렸다. 자연 스스로가 불러온 재앙, 그것은 수만 년에 한 번 있을까 말까 한 확률로 나타난다. 확률적 재앙은 주로 우주의 변화에서 비롯된다. 태양을 둘러싼 행성의 규칙적인 운동을 통해서는 어떠한 재앙도 발생하지 않는다. 하지만 행성계 밖에서 돌진하는 불규칙한 천체는 재앙의 원인이 되는 경우가 있다. 하지만 우리의 든든한 목성과 토성과 같은 행성들이 지구를 방어하고 있기 때문에 지구는 대체로 안전하다. 1994년 '슈메이커-레비 9' 혜성이 지구의 방향으로 진입하기도 전에 목성의 인력에 끌려 충돌하는 장면을 우리는 보았다. TV를 통해 지켜보았는데, 실로 지구의 멸망을 짐작게 하는 장엄하고도 끔찍한 장면이었다. 이 사건은 30년 가까이 세월이 지났음에도 기억에 각인

되어 있다. 목성이 그야말로 제우스의 기개를 닮아 있어서인지 지구의 수호신 역할을 든든히 하고 있었다. 지구로 돌진하는 우리가 모르는 천체를 목성은 지금도 끊임없이 몸으로 막아서고 있다. 목성 앞에는 토성, 천왕성, 해왕성이 버티고 있어서 목성보다도 먼저 관문을 지키는 행성들이 종렬로 방어 시스템을 갖추고 있다. 그러므로 우주적 재앙이 '0'의 확률이라고 말할 수 없지만 우리는 '0'으로 단정해도 무방하다는 것을 안다. 하지만 지금은 그것과는 다른 불행과 절망을 지구에 예고하고 있다. 희박한 확률에 의한 절멸이 아니라 점진적이면서 확실해 보이는 절멸로 모든 생물 종의 불행이 예기치 않은 곳에서 진행되고 있다.

불행의 원인이 수만 종의 생물 중에서 인간 활동에 의해서 발생하고 있다는 것, 이것이 참으로 기이하고 미증유의 사건이 되리라는 것이다. 이 종은 '상호 균형된 미'를 추구하려는 의지와 개념도 없고 게다가 자연에 대한 온정이라고는 티끌만큼도 없어서 자신 외 다른 종은 모두 배타적으로 취급하는 심보를 지녔다. 그 결과 지금까지 여러 번 생태계의 위기를 초래하기도 했다. 그러는 순간마다 '개선 가능성'의 힘을 발휘하여 위기를 모면했다. 심지어 자신의 이런 특질을 가장 우월한 종의 증거라며 우쭐거리고 있는 판이다. 여기에 기독교가 지상의 모든 소유권에 대한 권한을 이 종에게 부여했다는 이유도 찬탈자의 형질이 되도록 하는 데 가세했다.

"하나님이 그들에게 복을 주시며 그들에게 이르시되 생육하고 번성하여 땅에 충만하라 땅을 정복하라 바다의 고기와 공중의 새와 땅에 움직이는 모든 생물을 다스리라 하시니라 하나님이 가라사대 내가 온 지면의 씨 맺

> 는 모든 채소와 씨 가진 열매 맺는 모든 나무를 너희에게 주노니 너희 식물이 되리라 또 땅의 모든 짐승과 공중의 모든 새와 생명이 있어 땅에 기는 모든 것에게는 내가 모든 푸른 풀을 식물로 주노라 하시니 그대로 되니라" - 창세기 1장 28~30.

앞으로 불어닥칠 형벌은 지금까지 지구가 겪은 고통과는 양상이 아주 다를 것이다. 늘 그래 왔던 것처럼 인간이 보유한 지식과 경험이라는 지혜를 도구로 이용한다고 해도 이미 그때는 회복 불능의 상태가 되어 있을 테니까. 어쩌면 마지막에 인간의 나약한 측면이 또다시 종교에 귀의하여 신으로부터 위안을 받고자 한다 해도 절망으로 가득한 세상은 감당할 수 없는 고통으로 가득 차게 될 것이다. 특히 종교는 수 세기 동안 종말론을 끊임없이 제기했지만, 그때마다 늘 땅에 납작 엎드린 인간의 모습만을 강요했다. 지난날 지구적 재앙을 극복했던 수많은 경험이 지구 지표 위에 켜켜이 쌓여 있다. 지구의 역사를 살펴보면 지금까지 지구가 재앙을 극복한 방법 중에서 과학과 기술의 힘을 빌렸던 적은 한 번도 없었다. 요컨대 '개선 가능성'이라는 인간의 지혜가 발휘되어 지구적 재앙을 극복할 수 있을지는 누구도 알지 못할뿐더러 그랬다가 더욱 예상치 못한 심각한 상황에 내몰리지나 않을지 이 또한 알지 못한다. 인간의 행동으로 비롯된 문제들에 대해서는 지구조차도 경험한 바가 없기 때문에 막상 재앙이 닥친 후 인간의 지혜가 정작 쓸모를 다하게 될지는 미지수다. 지구가 경험했던 재앙에 관한 것이라면 희생은 따를 수 있겠지만 멸망으로 인도되지는 않을 것이다. 왜냐하면 지구가 기억하고 있는 복구 사이클대로 회복력이 가동될 수 있기 때문이다.

자연으로 돌아갈 때, 지금

✷

　인지혁명으로 시작된 생태계의 난기류, 생태계 찬탈 행위가 오늘날 그 절정에 이르렀다. 250만 년 전, 인류가 불을 다룰 줄 알았던 때부터(오스트랄로피테쿠스), 그리고 아프리카 동부에서 동아시아로 이동한 인류가 직립보행(호모 에렉투스)을 하게 되면서부터 한가해진 손으로 무얼 만지작거리기 시작했고 그 동작을 통해 감각이 급속도로 발달했다. 대략 7만 년 전에 우리 선조들이 두 손이 자유로워지면서 생태계의 무법자로, 또한 태양의 권좌를 찬탈한 반정 세력으로 지구상에 등장했다.

　이 대역전극을 지구의 시간으로 바라보면 찰나의 순간에 일어난 사건이다. 지구가 탄생한 이래, 두 손이 자유로워진 인류의 출현은 고작 지구 나이 말미 0.0015% 지점에서 있었던 일이다. 인간의 탁월한 감각 기능을 이용하여 생태계에 심각한 교란을 일으킨 시점은 그야말로 찰나의 순간이라고 할 수 있는 지구 나이 말미 0.000005% 지점에서다. 이는 현재 지구 나이가 45세라고 했을 때 나사(NASA)에서 1986년 우주왕복선 챌린저호가 발사되어 하늘을 향해 날아가는 도중에 폭발한 그 순간의 길이보다도 짧은 시간이다(생태계에 교란을 일으킨 시작점을 영국에서 발생한 1차 산업혁명의 시기로 볼 때).[33] 순식간이란 말은 이를 두고 하는 얘기이다. 지금 우리는 그 순간 안에 포

---

[33] 챌린저호는 발사 후 73초 만에 공중에서 폭발했다. 지구의 나이를 '1'로 가정했을 때 우주왕복선 챌린저호가 발사 후 공중폭발 되기까지 걸린 시간은 1.03×10^{-7}(sec)이고 1차 산업혁명 후 지금(1784년~현재)까지의 시간은 5.6×10^{-8}(sec)이니 챌린저호 사고가 1.8배 이상으로 더 긴 셈이다.

함되어 있고 대기권으로 벗어나기 전 우주왕복선 안에서 희망과 기대로 부풀어 있는 승무원과도 같다. 다만 챌린저호 승무원과 우리가 다른 점이 있다면 사고가 발생하기 전까지 절망의 순간을 인지하고 있는지 아니면 인지하지 못하고 있는지 그 차이에 있을 뿐이다. 챌린저 승무원은 73초 후에 닥칠 재앙을 모르고 있었지만 우리는 곧 들이닥칠 재앙을 훤히 알고 있다. 죽음의 대기자처럼.

사실 오래전 인류는 자연 상태에 있고 자연법칙에 순응하며 주변과 더불어 같이 살아가는 존재였다. 개체 수나 군집 밀도로 보아도 여타 동물들보다 넘치지 않았다. 먹이사슬의 위치에서도 중상위권에 불과했다. 하루하루 살아가는 것을 확률적 생존에 의존해야 했고 느닷없이 덮치는 포식자를 피하기에는 두 발은 너무 느린 데다 날카로운 이빨이나 발톱도 없어서 방어력도 약했기에 포식자로부터 쉬운 먹잇감으로 포착되기 일쑤였다. 하지만 불을 다룰 수 있었다는 것과 편식을 하지 않았다는 점이 생존을 겨우 영위할 수 있게 했고 이것이 종족 유지의 원천이 되었다. 지구 나이 말미 0.05% 지점에서 인류는 생태계에서 그다지 위협적인 존재가 아니었다는 이야기다.

그런데 이처럼 강력하지도 않은 생물 종이 언제부터인가 이 세상에 갑자기 생태계의 심각한 교란을 일으키는 절대다수의 종으로 번성했다. 그동안 지구적 위기는 지구적 회복 시스템으로 극복해 왔다. 하지만 이번에는 지구적 위기가 인간의 무절제한 욕망과 자연권위 찬탈 행위로 인해 복구가 불가능하게 될 것이란 우려가 엄습한다. 마치 마약을 투약한 환자처럼 무기력하고 인지능력이 떨어져 자신이 도탄에 빠져 있다는 사실을 본능이 알람처럼 일깨워 주고 있지만, 환자의 몸이 그렇듯 스스로 움직일 수 없는 상황이다. 지금 우리가 절망으로 치닫고 있는 상황을 인지하면서도 멈추지 못하는 것은, 아직도 우리의 육체에 내재한 욕망이 자연으로의 회귀로 향하는 길을 가로막으며 저항하고 있기 때문이다.

적자생존 법칙에 비껴 있는 존재

※

　지구상에 공존하는 모든 생물은 사물이 가진 특성과 마찬가지로, 그 자체로 자연법칙을 따르기도 하고 간직하기도 한다. 사람에 의해 흐트러질 이유가 없다. 자연은 원래의 모습과 원래의 자리로 돌아가고자 하는 속성이 있다. 진화를 변화로 인식하는 것은 잘못이다. 진화는 자신들이 추구하는 방향의 대상을 향해 방향타를 조정한다. 베르그송이 설명했듯이 진화는 수로 설명될 수도 없다. 변화는 일반적으로 수로 설명하는 개념이며 차이다. 마치 바람이 부는 한 방향으로 마주 보며 돌아가는 풍차와 같이 진화는 보편적으로 회귀 본능의 성질을 따른다. 간혹 개체 중에서 실험적 이탈자가 생길 수야 있겠지만 보통은 자연에 순응하는 쪽으로 정렬하게 되어 있다. 그래서 진화를 설명할 때 필연적 방식으로 설명할 수 없다. 오히려 개연성을 따른다.

　생물의 진화는 대개 완전체 자연을 향해 순응하는 쪽으로 유도되지만, 그에 역행하는 방향으로 유도되기도 한다. 이 둘 간의 모순성은 어찌 보면 생물 종의 존속을 유지하는 동력으로 작용한다. 마치 항공기가 하늘을 비행하기 위해서 공기의 항력과 양력이 상호작용을 하는 것과 마찬가지로 회귀 본능의 범주에 있는 생물 종들은 진화의 문제를 놓고 개체 간의 다툼과 합의라는 상호작용 속에서 조율한다. 모든 생물에게 이 두 가지의 원천적인 저항이 상호작용을 한 결과로 나타났기 때문에 지금의 자연이 온전히 유지될 수 있었던 것이다. 그러므로 생태계의 질서가 공존을 위한 선택을 끊임없이 요구했기 때문에 진화 또한 지속되어 온 것이라고 할 수 있다. 완전한 자연은 결정된 값이 아니며 지속적으로 결정한 값을 찾아가는 행위체라는 사실을 잊어서는 안 된다.

자연계 속에 존재하는 모든 개체가 궁극적으로 자신의 생존을 도모하며 상호 관계를 유지하고 있지만, 그에 상응하는 자신의 손실과 희생이 따를 수밖에 없는 상황도 있다는 점을 겸허히 받아들여 왔다. 그뿐만 아니라 자연의 법칙 아래서 준수해야 하는 거래의 원칙도 일정 부분은 유전자 안에 기억하고 있다. 그래서 자연의 모든 개체 속에는 철저하게 '자연의 심판관' 지시에 따르도록 장치가 심겨 있다.

자연은 자신이 감당해야 하는 제로섬 게임의 법칙도 이해하고 받아들여 왔다. 그러므로 어느 날 운명을 다한 종에게 자연으로부터 희생의 요구가 있을 때는 일본 막부시대 사무라이들이 대의에 승복하며 할복하듯이 자신들의 멸종을 기꺼이 선택하기도 한다. 이런 희생들이 모여 완전하고 지속 가능한 자연법칙들이 성립할 수 있었다. 지구라는 한정된 공간에서는 필연적인 양보이며, 대의적 희생이며, 그런 행동이 필수적 기본 가치임을 자연은 자신의 유전자로 기억하고 철저히 지켜 왔다.

그러나 신의 형체와 닮았다고 주장하는 존재가 나타나 자연을 지배할 무한한 권한을 부여받았다는 이유에서 자신만을 위한 이익에 혈안이 되었다. 심지어 이 존재는 자신이 당연히 희생해야 할 상황도 온갖 방법을 동원해 엉뚱하게도 자연의 몫으로 돌려 왔다.

유발 하라리는 '호모 사피엔스는 실체가 아닌 것을 실체화시키고 허구를 사실로 둔갑시키는 마법을 매우 신봉하는 특성'을 가진 존재라고 말했다. 자연의 법칙이 호모 사피엔스에게 불리하게 작용할 때 그 특성이 잘 나타난다. '자연 선택설' 범주에 속한 사피엔스는 자신에게 불리한 자연적 작용과 희생이 요구되는 순간에도 자신의 선택이 궁극적으로 자연에 도움이 되리라고 믿으며 자연의 희생을 극대화하는 데 주저하지 않았다. 적자생존이 자연의 오묘한 원리에 의해서 인도되어 왔다는 것을 유일하게 부인하는 존재가 인간이다.

멸종과 멸망이 다른 점이 있다면 "공간을 내어 줄 자로부터 공간을 이어받을 자가 있는가, 아니면 공간을 주고받을 모든 대상이 사라지게 되는가."일 것이다. 인간의 욕망은 후자를 선택하고 있다.

질량과 에너지 보존의 법칙

✳

"… 에너지는 사람의 열이나 동물의 근육이라는 형태로 나타나고, 폭포에서 떨어지는 물과 화산의 폭발로도 나타날 것이다. 하지만 이 모든 변화에도 불구하고 에너지 총량은 변하지 않는다. … 정해진 양의 질량을 주어서, 별이 빛나고 폭발할 것이며, 산이 만들어져서 서로 부딪치고, 바람과 얼음에 깎여 나갈 것이며, 금속이 녹슬고 부서질 것이다. 하지만 어떤 일이 일어나도 우주의 전체 질량은 절대 변하지 않을 것이다. 영원히 기다려도 백만분의 1g조차 변하지 않을 것이다." - 데이비드 보더니스(1957~), 『$E=MC2$: 세상에서 가장 유명한 방정식의 일생』 중에서.

데이비드 보더니스는 1905년 발표한 아인슈타인의 저 유명한 방정식을 이용했다. 우주에 떠도는 모든 사물의 질량과 에너지는 소멸하지 않을 것이며 질량과 에너지는 상호 교환 관계에서 형태가 달라지고 변형이 되더라도 균형 관계에 있을 뿐이라고 말했다. 이 말은 일찍이 수브라마니안 찬드라세카르(1910~1995)가 태양과 블랙홀의 존재를 연구하면서 얻어 낸 교훈과 일맥상통한다. 찬드라의 아이디어는 이랬다.

"태양에서 뿜어내는 모든 열과 빛도 또 다른 형태의 '질량'으로 작용하여 태양의 덩치에 보태진다."

태양으로부터 지구에 입사되는 빛과 여기에 수반되는 열에너지는 고스란히 지구 에너지로 남는다. 이 에너지는 앞서 설명했던

E=MC2의 방정식을 철저하게 따른다. 그렇다면 지구에 전달되는 태양 에너지의 양은 얼마나 될까. 좀 엉뚱하기는 하지만 이런 생각을 해 보았다. 만약 태양 에너지를 지구가 축적하는 비율이 시간당 0.01%만이라도 높아진다면 지구는 과연 어떻게 될까? 이런 상상은 가히 절망적인 결과를 이야기하고 있기에 이런 가정 자체가 두렵다. 만약 그렇게 된다면, 아마도 지구의 모든 생명은 얼마 버티지 못하게 될 것이다. 증가한 에너지 흡수량은 시간이 지남에 따라 적분의 공식처럼 누적량이 되다가 언젠가는 지구가 금성처럼 뜨거운 행성으로 변하는 지점에서 지구의 온도가 수렴될 것이다. 만약 1이라는 숫자와 1.00001(1보다 0.01% 큰 값)이라는 숫자가 있다고 가정해 보자. 당장은 두 숫자가 1이라고 인식할 수 있다. 하지만 여기에 시간이라는 인자가 지수로 작용한다면, 즉 1^t와 1.00001^t는 t에 의해 달라지게 된다. 예를 들어 t=∞이어도 1^t=1이지만, 1.00001^t는 ∞가 된다. 물론 금성이 태양으로부터 흡수한 에너지로 인해서 내부 에너지양이 ∞가 되는 것은 아니다. 어느 지점에서는 금성도 보유하고 있는 내부의 에너지양이 포화 상태가 되기 때문에 더는 에너지를 흡수하지 못하고 방출하게 됨으로써 대략 표면 온도가 470℃를 유지하는 것이다. 이는 천체 물리적 합의로 이루어진 것이다. 만약 지구가 시간당 0.01%의 에너지를 더 흡수한다고 가정했을 때 지금보다 두 배의 태양 에너지가 지구를 달구기 위해서는 이론상으로 t=70,000시간만 있으면 된다. 약 8년이면 족하다는 이야기다.

하지만 다행히도 지금까지는 지구에 도달한 태양 에너지 중에서 약 30%는 공기와 구름, 지표면 등에서 반사되어 우주로 빠져나가고, 70%는 지구에 흡수되었다가 다시 우주로 빠져나가기 때문에 지구는 복사 평형을 이룰 수 있었다. 이 비율은 생명 보존의 열쇠이며 '자연법칙'의 기본 규칙이기도 하다. 여기에 지구의 급소라고 명명된 공기 중 온실가스양은 태양 에너지의 흡수와 방출을 고루 분배하는 역할을 한다. 하지만 지구를 금성과 같은 지옥의 행성으로 만들 수 있는 것도 온실가스라는 점을 알아야 한다.

태양은 매년 지구에만 3,850제타줄(ZJ)의 에너지를 방사한다. 태양 에너지와 지구의 자전 운동에 힘입어 시시각각 불어 대는 바람은 한 해에 3제타줄을 생성할 수 있다. 사실 현재 인류가 매년 사용하는 에너지는 생각보다 많지 않다. 전 세계의 인구가 사용하는 연간 전기 소비량은 약 0.006제타줄 정도에 불과하고 여기에 일차 에너지 전부를 포함한 소비량이라 봐야 0.5제타줄을 넘지 않는다. 이는 지구에 도달한 태양 에너지의 0.02%에도 못 미친다. 따라서 기상 악화에 의해서 약간의 빛조차 지구로부터 탈출하지 못한 에너지보다도 적은 양이다. 그렇다면 무엇이 문제인가.

태양 에너지는 수억 년 동안 지구의 변화를 주도하면서 생태계를 운영해 왔다. 한번은 태양 에너지가 너무 빨리 지구 밖으로 탈출해서 지구를 냉동고로 만들었는가 하면 한번은 너무 늦게 탈출하여 지구를 펄펄 끓게 만들기도 했다. 그러는 과정에서 대략 다섯 번에 걸친 대멸종도 발생했지만, 대멸종 사이의 간격에는 수천만 년이란 시간이 끼워져 있다. 지금 지구상에 존재하는 모든 생물체의 DNA 속에는 이 멸종의 기록이 남아 있고 그 과정에서 습득한 인내의 기록이 생명으로 보상받고 있다. 하지만 지금의 상황은 그때와는 사뭇 다르다. 태양 에너지의 직접적인 원인에 의해서 지구 환경이 변화된 것이 아니라 인간 활동을 통해서 발생된 에너지 산물들과 폐기물, 잔재로 인해서 지구가 변형을 일으키고 있다는 것에 주목해야 한다.

  이 모든 문제는 객관이 아닌 주관에 맹종한 인간의 의지에 있다. 이 맹목적이고 이성에 통제되지 않는, 근원적 힘에 의해 자연 스스로 이룩한 생존은 균형을 잃어버렸다. 인간을 제외한 자연은 독자적 의지를 가지고 있지 않다. 인간의 시선으로 자연을 바라본 오류에서 이런 주장이 생긴 것이다. 자연은 오직 그들의 진화적 논리에 복속되어 있을 뿐이다. 자연의 고통은 인간들의 행동으로 하여금 나타나며 지금의 고통에서 새로운 고통으로의 연결로 잇고 있다. 다시 말해 자연은 진화 프로그램에 짜인 대로 내버려둘 때 가장 온전할 수 있으며 인간도 행복을 찾을 수 있다. 그 이유는 인간의 육체는 모두 자연의 것이기 때문이다. 인간의 욕망과 좌절, 고통을 이겨 낼 방법을 예술과 음악에서 찾을 수 있을지는 모르나[34] 자연은 절대 그럴 수가 없다. 따라서 인간의 내적 문제를 자연의 본성과 결부시키는 것 자체가 심각한 오류다.

---

[34] 쇼펜하우어는 예술과 음악을 통해서 고통을 이겨 낸다고 말했다.

V

경영과 사회

화폐가 불러온 이변들

경제 논리의 핵심은 거래다. 거래는 인류가 부족 단위의 공동체를 유지하기 전부터 행해져 왔다. 처음에는 자신들이 수집하거나 만든 물건을 서로 교환하면서 시작되었다. 문명이 발달하기 전부터 거래가 있었지만 우리의 조상이 필요한 물건들을 서로 어떻게 교환했는지를 자세히 알고자 한다면 조상들이 기록한 증거물로 확인해야 확실하다. 최초의 거래 행위는 메소포타미아 수메르인이 시작했다. 수메르인들은 자신의 물물교환에 관한 내용을 기억력에 의존하지 않았다. 그들은 기록물로 남겼고 이 기록물들은 오늘날까지 보존되고 있다. 지금으로부터 무려 4,600년 전의 일이다.

초기 문자의 시작은 물건을 거래할 때 기억 보조 수단용으로 사용하면서 시작했다. 지금까지 발견된 기록 중에 물품 거래 목록을 기록한 것이 많다. 이들은 종이 대용으로 사용한 점토에 자신들의 기록을 남겼다. 메소포타미아는 벽돌로 만들어진 세상이다. 그만큼 주변에 점토가 많았다. 점토를 이용해 장부를 만드는 일은 손쉬웠다. 필기도구는 손가락 또는 갈대를 꺾어 만든 첨필이었다. 점토판 표면을 손가락으로 긁거나 갈대 첨필로 쿡쿡 눌러서 무언가를 기록했다. 이 문자가 오늘날 우리에게 알려진 쐐기문자이며 설형문자라고도 부른다. 이 당시의 물물교환은 자신이 확보한 물건과 필요한 물건을 맞거래하는 방식이었다. 거래는 서로가 자신의 재물이 타인에게 꼭 필요할 것이라는 신념과 또 자신이 얼마나 그 물건이 필요했는지 요구 강도 사이에서 흥정으로 이루어졌다. 이곳에서 벌어진 흥정은 거래의 빈도와 성사율을 결정짓는 중요한 요소로 작용했다.

거래가 행해지던 특정한 장소에 물물교환을 위해 찾아든 사람들의 통행량이 증가하면서 뒷날 시장이 되었고 시장은 초기 국가 기반의 틀이 되었다. 점토판에 새겨진 문자를 해독하면 대부분 가축(양)의 수, 곡물의 양, 그리고 거래가 행해진 이후에 회계 내용들이다.

> "우르의 슐기왕 통치 41년(기원전 2053년경) 열 번째 달 28일에 작성된 쐐기문자 점토판에는 그달 납품된 양과 염소가 기록되어 있다. 2일에 양 열다섯 마리가 납품되었고, 3일에 일곱 마리, 4일에 열한 마리, 5일에 219마리, 6일에 마흔일곱 마리, 중간 생략하고 28일에 세 마리가 납품되었다. 그 점토판의 기록에 따르면, 그달에 총 896마리의 동물이 들어왔다." - 유발 하라리, 『넥서스』의 「빚을 죽이다」 중에서.

그로부터 오랜 시간이 지나서 거래 형태는 달라졌다. 물물교환의 수단으로 화폐가 등장했기 때문이다. 화폐의 등장은 기존 물물교환이라는 거래의 형태를 확 바꾸어 놓았다. 기본적으로 한 장소에서 서로의 물건으로 교환할 필요가 없어졌다. 자신이 판 물건과 산 물건의 가치가 화폐에 새겨진 숫자가 대신했기 때문이다. 화폐는 가볍고 소지하기가 편했다. 화폐로 인하여 자신이 소유한 재물과 상대방이 소유한 재물을 한자리에서 서로 파악할 필요가 없게 만들었다. 물류의 혁신이 일어난 것이다. 시장은 사는 쪽은 화폐로, 파는 쪽은 물건으로 재편되었고 물류 이동도 바뀌었다. 시간이 지날수록 시장은 생존에 필요한 물건들뿐만 아니라 사치품과 기호 물품으로 넘쳐났다. 화폐로 거래할 때 각자가 소유해야 할 물건들의 부피가 줄어

듦으로써 새로운 물건들이 그 자리를 차지하게 되었으며 제조 기술이 번창하고 전문화되기 시작했다. 중세 유럽 지역에서 성행한 길드가 이 역할의 중심에 있었으며 다양한 상품을 시장에 라인-업하는 계기를 이들이 제공했다. 화폐는 처음에는 시장의 거래 수단으로 활용되었으나 점점 거래 수단이 아니라 목적이 되어 버렸다. 바로 이 지점에서 다이달로스가 탄생했다.

> "화폐가 도입되자 생필품의 물물교환은 재산 획득의 또 다른 형태인 상업으로 발전했다. 처음에 상업은 아주 단순한 방식이었지만, 언제 어떻게 교환해야 최대의 이윤을 남길 수 있는지 경험을 통해 알게 되면서 점점 '더 복잡한 기술'로 변모해 갔다. … 화폐가 도입되면서 재산 획득 기술은 주로 화폐와 관계있는 것일 뿐만 아니라 많은 돈을 벌 수 있는 원천을 알아내는 기술로 간주된다. 그래서 재산 획득 기술은 부와 화폐를 낳는 기술로 이해되고, 부는 다량의 화폐와 동일시되곤 한다. … 재산 획득 기술을 특성에 따라 '자연스러운 것'과 '부자연스러운 것'으로 나눈다. 전자는 '자연에 의해 주어진' 훌륭한 삶을 사는 데 필요한 수단을 얻는 기술을 말하며, 후자는 '어떤 종류의 경험과 숙련의 산물'로 가능한 한 더 많은 화폐를 얻기 위한 기술을 말한다. … 다시 말해 부자연스러운 재산 획득 기술이 '어디서 많은 돈을 벌 수 있는지 알아내는 기술'이라고 했다. … 화폐는 가짜이며 전적으로 관습의 산물이지 자연의 산물이 아니다." - 공병호, 『공병호의 고전강독 4: 아리스토텔레스에게 희망의 정치를 묻다』의 「인간의 탐욕이 화폐경제의 부작용을 낳는다」 중에서.

이미 상업이 성행하기 시작했던 시대 이후로 사람들은 삶에 대한 신념이라든가 가장 바람직한 삶의 척도를 '돈의 비축량'에서 찾는 경우가 많아졌다. '자연의 가치'는 그 신념을 달성하기 위한 재료에 불과했다. 당장 자신의 호주머니로 들어오는 단돈 만 원의 이익을 위해 자연의 수백만 원의 가치를 가차 없이 폐기하는 일은 너무나도 자연스럽게 행해졌다. 화폐의 실체는 단순한 물질에 불과하다. 그러나 상업화 시대 이후 화폐 형태의 부와 화폐의 획득이 거래의 목적으로 규정되어 버렸고 자연을 그 화폐라는 관점으로 이해하려는 데서 자연이 인간을 배격하는 입장이 되었다.

양심의 변천

✴

인간과 자연이 불협화음을 낼 때 간혹 인간은 그것을 양심에 호소한다. 그렇다면 양심이란 무엇일까? 근원을 살펴보자. 기원전 7세기 고대 그리스학자들이 양심에 대해서 처음으로 고민했다. 라틴어로는 '양심'을 'Conscientia'라고 한다. 여기서 'Con'은 '모두의 또는 공동의'라는 뜻이며 'Scientia'는 '지식'이라는 뜻이다. 양심은 '개인의 윤리적 마음가짐'이 아니라 '공동의 지식이 하나로 만들어진 것'을 뜻했다. 그때부터인가? 벌써 오래전부터 우리의 조상은 양심을 '이익의 노예'로 규정하고 있었다.

고대 지식인들은 당장 자신의 호주머니로 들어오는 이익이 양심의 중요한 가치라고 가르쳤다. 그래서 그들의 후예가 당장 호주머니로 들어오는 단돈 만 원을 벌기 위해서 미래의 가치인 수백만 원 가치의 들녘에 우거진 들과 숲과 펄, 개울 등의 자연 자원을 으깨 버리는 것에 거리낌이 없었다. 현세에서 인간들의 행동으로 인해 미래 후손이 견뎌야 할 몫에 대한 염려를 담은 평가 과정도 없다.

오늘날의 입법자들도 마찬가지다. 이익이 발생하는 지점에서 경제 활성화를 위한 이런저런 법률을 내놓는 일에만 집중할 뿐이다. 그럴 수밖에 없는 것이, 그들의 운명은 '공공의 이기심'에 내맡겨져 있기 때문이다. 말하자면 대중과 입법자는 '불가분의 종속' 관계에 있다는 얘기다. 그들의 운명은 이기심이라는 공통분모가 해체되면 연계가 불가능할 정도다.

이런 전통은 솔론의 정책에서 정점을 이루게 된다. 솔론 이전에 아테네에는 드라콘이라는 엄격한 법이 있었다. 이 법률은 한마디로 "모든 죄의 귀결은 사형으로 이어진다."라는 듯이 잔혹하기가 이를 데 없었다. 솔론이 이 법을 개편했다. 살인에 대한 내용을 제외한 나머지를 폐지했고 시민이 정치에 참여할 수 있는 권리를 차등화했다. 그래서 시민 계급에 등급을 매겼는데 이 등급은 전적으로 "그 사람이 소유한 재산이 얼마인가?"로 결정됐다. 연 수입이 곡물 500석 또는 그 외 비슷한 포도주와 올리브유를 만드는 사람은 '제1계급', 연 수입이 곡물 300석 이상의 경우는 '기사급', 연 수입 200석 이상의 경우는 '농민급'으로 분류했다. 그보다 못한 연 수입의 계층도 있었다. 연 수입이 200석이 채 되지 않는 사람들은 '노동자급'으로 구분하였고 그들에게도 정치에 참여할 권리를 줬다. 이 노동자들을 일컬어 '프롤레타리아'라 했다. 가진 재산은 없으나 국가 존속에 필수적 요소라고 할 수 있는 인구 문제를 해결해 준다는 측면에서 국가에 공헌한 점을 인정해 거기에 걸맞은 투표권을 부여했다. 솔론의 시대부터 유권자 재산 규모가 어느 정도냐에 따라 유권자의 등급이 결정되었고 이는 참정권 행사를 통해 그대로 나타났다. 그리고 이 관계에서 형성된 등급 제도는 사회 제도와 질서로 표출되었다. 한마디로 가진 자와 가지지 않은 자의 구분이 명확해진 것이다.

그로부터 2세기쯤 흘러 기원전 4세기에 플라톤이라는 그리스 학자가 '양심'의 정의를 바로잡을 필요가 있다고 느껴 그의 저서 『향연』을 통하여 '양심'에 대한 정의를 설명했다.

"양심은 다이몬(Dimon)을 통해 들어오는 내면의 신적 음성이다."

아, 이건 또 뭔가. 플라톤은 인간의 양심이 '공공의 이익' 관점으로 바라볼 게 아니라 신적인 존재로부터 지시된 '도덕적 판단 기준'이 되어야 한다고 주장한 것이다. 플라톤은 양심을 '물질적 근거에서 형이상학적 이상'으로 이관시켰다. 당장 이익을 취하기 전에 그 행동에 따른 '자기 성찰'과 '내면의 소리'에 귀 기울이는 것이 중요하다고 가르쳤다.

플라톤이 그렇게 정의할 만한 사회적 문제점을 그 당시 그리스가 안고 있었다. 그의 말에 따르면 그때의 사회적 분위기는 '공공의 지식에 의해 만들어진 악행'들이 난무하는 혼란스러웠던 시대였다. 이런 상황에서 플라톤은 올바른 새로운 질서를 확립할 필요가 있음을 느꼈을 것이다. 그 당시는 펠로폰네소스 전쟁이 끝난 지가 얼마 되지 않았을 때이다. 이 전쟁은 델로스 동맹(아테네를 위시한 도시국가)의 불평등한 정치에 반발하고 나선 불만 세력(스파르타를 위시한 펠로폰네소스 동맹)의 항거였고 전대미문의 그리스 내전으로 전개된 혼란의 시기였다. 그로부터 400여 년이 흐른 1세기 후반에 세워진 콜로세움이나 로마가 지배했던 도시에 건설된 원형 경기장들은 '공공의 지식에 의해 만들어진 악행'이 자행된 증거들이다. 특히 로마가 영토 확장 정책을 펼치는 과정에서 주변의 국가와 민족들을 식민지로 흡수하기 위해 영토를 마구잡이로 빼앗았을 때도 그들은 '양심이 허락한 로마의 위대한 행동'이라고 믿었다.

미래에 이런 문제가 발생할 것이라 일찍이 알았던 플라톤은 새로운 질서를 확립하기 위해서는 양심을 재해석할 필요가 있음을 직감했고 그래서 그는 양심이 인간의 '이익 관점'에서가 아니라 선의 절대적 가치가 포함된 '도덕적 관점'이어야 한다고 판단했다.

이 양립하고 있는 양심에 관한 해석은 오늘날까지도 이어지고 있다. 양심에 대한 '공공의 이익' 관점과 '자기 성찰' 관점은 섞이지 못하는 물과 기름과 같이 각각의 진영에 자리 잡고서 하루도 빠짐없이 맞붙어 싸우고 있다. 한쪽에서는 인간의 이익을 찾기 위해 자연을 공략하는 방향의 정책들을 전개하고 있는가 하면 한쪽에서는 인간과 자연이 공생해야 할 길을 찾아야 한다며 목청 돋우며 외치고 있다.

환경 단체들의 지속적인 압박은 1972년 '스톡홀름 선언'으로 이어졌고 UN 역사상 최초로 지구의 환경 문제에 관하여 국제적 원칙을 수립하기에 이르렀다. 이 두 진영은 지금까지도 팽팽하게 대립하고 있다. 하지만 삼투압 원리가 서로 비슷한 농도가 되는 지점에서 평형을 이루듯이, 이 싸움에서 두 진영이 같은 농도로 합의하고 의견이 평형을 이룰지는 미지수다. 그렇다 할지라도 서로가 무엇을 지향해야 하는지 그 눈높이와 응시 선을 맞추는 과정이 무시되고 대대적인 양보와 타협이 이루어지지 않는다면 지구는 머지않아 심각한 괴멸 상태로 빠져들 것이다. 이는 종교관으로 바라본 시사점이 아니라 과학적·환경적 방정식에서 산출된 계산값이다.

농도를 서로 맞추기 위해서는 양쪽 모두가 양보하는 게 필수적이다. 필자가 보기에 대부분 양보해야 할 진영은 인간의 이익을 좇는 세력에 있다고 본다. 하지만 그럴 가능성이 왜 요원해 보이는지 모르겠다. 그래서 아리스토텔레스는 이런 말을 했다.

"최대의 다수가 공유하는 것에는 최소한의 배려만 주어질 뿐이다.

모두 공익을 생각하기보다 자기의 이익을 생각하기 마련이다."

　오늘날 사람들은 개인의 이익을 바라는 것에 좌고우면하지 않으며 법과 제도들은 개인의 이익을 찾아가는 사람들을 보호해 줌으로써 공익이 창출된다는 믿음으로 실현되고, 공익의 효과는 오로지 이 방법에서만 찾을 수 있다는 믿음만 남아 있다. 그러므로 사람들은 공익을 우선으로 하여 개인의 이익이 분배될 것이라고 가정한 행동은 시도조차 하지 않는다. 특히 자본주의와 민본주의 사회는 이러한 점에서 몹시 폐쇄적이다.

과학혁명과 줄탁동시하여 알아낸 비밀

✳

인간의 삶에서 경영학이 필요한 대표적인 이유 하나를 꼽으라면 '기업의 미래를 위한 선택에 어떤 도움을 제공할 것인가 또는 그 선택의 과정에서 발생할 수 있는 실패율을 얼마나 줄일 수 있는가'의 문제를 판단하는 데 도움을 주기 때문이다.

한때 라플라스[35]는 미래의 사건을 예지할 수 있는 '전지전능한 존재자'를 가정했다. 이 존재자는 우주에서 일어나는 운동 법칙에서 한 치의 오차도 허용하지 않는 미래의 지시자 또는 능력자다. 그는 이 능력자를 '운동 법칙'에서 찾았다. 우주에 관한 비밀과 태초의 우주 생성의 기획들도 사물의 운동 법칙 범주에서 이해될 수 있다고 믿었다.

> "… 우주에 있는 모든 원자의 정확한 위치와 운동량을 알고 있는 존재가 있다면, 이것은 뉴턴의 운동 법칙을 이용해 과거, 현재의 모든 현상을 설명해 주고, 미래까지 예언할 수 있다." - 라플라스, 『천체역학』 중에서.

아이작 뉴턴(1643~1727)의 저서 『프린키피아』에 의해 탄생한 능력자가 라플라스가 말하는 그 능력자다. 현재에 대한 모든 정보를 꿰뚫고 있고, 그것을 통해 과거와 미래를 완벽하게 유추하는 무한한

---

[35] 라플라스(1749~1827), 프랑스 수학자이며 과학자다. 종교적으로는 이신론에 가까웠다. 『천체역학』이라는 책을 써서 기하학적인 방법으로 당시 물리학을 작성했고, 블랙홀과 중력 붕괴 등을 예측하기도 했다.

지적 능력을 갖춘 존재. 라플라스는 대표적인 기계론적 신봉자였다. 그의 사상적 계보를 거슬러 올라가다 보면 르네 데카르트[36]를 만나게 된다. 데카르트의 사상은 과학혁명의 이론적 토대를 만드는 데 기여했다.

라플라스의 주장은, 물리학의 몇 가지 수학적인 도구와 원리만으로 미래를 알 수 있으며 우주의 탄생에서 종말에 이르기까지 전 과정의 역사를 모두 꿰뚫어 볼 수 있다는 것이다. 이 주장은 뉴턴이 고전물리학을 만들어 낸 지 100년이 지난 후의 일이다. 그의 말대로라면 과학이 엄청난 속도로 발전한 현대에 와서는 미래의 정체가 분명하게 드러나야 마땅하다. 그렇지만 지난 수천 년간 물질의 최소 단위라고 알려져 왔던 원자보다도 더 작은 미시 세계를 전자현미경으로 파헤쳐 들어가 보기도 하고, 제임스 웹 적외선 망원경으로 달보다 먼 거리에서 빛의 속도로도 수억 년이나 떨어진 거리의 은하와 별들을 매일 관찰하며 시시각각 거시적 우주 세계의 정보들을 수집, 관찰한다고 해서 미래의 정체를 발견하고 자연과 우주와 관련된 비밀을 전부 알게 될 수 있다고 장담할 수 있을까?

그러나 인간은 아직 미시의 뾰족한 끝과 거시의 광대한 폭을 헤아리지 못하고 있다. 우주의 진실은 그저 우주에서 나타나는 현상을 지구에서 나타나는 현상과 비교한 가설로 설명할 뿐이며 지구에서 밝혀낸 물리학을 원천 삼아 우주를 이해할 뿐이다. 그의 말대로, 몇 개의 물리학 방정식으로 우주를 설명한다는 것은 마치 동굴 속에

---

[36] 르네 데카르트(1596~1650), 프랑스의 철학자이며 수학자. 연역적 방법론과 기계론적, 회의론적 철학을 주장한 대륙의 합리론의 시조. 그의 대표적인 저서로는 『방법서설』이 있다.

갇힌 죄수가 벽에 비친 그림자를 보며 무언가를 상상하는 모습과 다르지 않은 것이다. 그래서 오늘날 이러한 능력을 지닌 존재를 가리켜 '라플라스의 악마'라고 부르기도 한다. 억지로 만들어진 악마다. 그렇다면 라플라스는 우주의 원리를 이미 다 알고 있고 심지어 우주 창조와 인간의 미래까지 내다볼 수 있는 전지전능한 가상의 존재자가 왜 필요했을까?

예컨대 당시의 유럽에 만연했던 사회적 무지를 타파하기 위해서는 뉴턴의 물리학만큼 완벽한 도구는 없으리라 판단했을 것이다. 그 역시 계몽주의 시대에 활동했던 대표적인 과학자이며 수학자였기 때문에 사회적 무지를 개선하려는 의지는 남달랐을 것이다. 게다가 프랑스가 사회적으로 위그노(신교)에 대한 종교적 탄압이 심했다. 동시대를 살았던 프랑스 계몽사상가 볼테르는 자신의 저서 『관용』을 통해 위그노에 대한 핍박을 비판할 정도로 교회의 교리가 세상을 압도하고 있던 시대였다. 따라서 지식인과 계몽사상가들은 우주와 자연, 사물의 원리에 관한 지식들이 허구에 물들어 있는 사람들을 설득하며 다가갈 수 있는 본보기가 될 것이라 믿었고 사람들 의식 속에 있는 오류와 허구적인 인식을 일깨워 주리라 기대했다.

기독교는 무려 1,000년이 넘는 긴 세월 동안 유럽 사회의 정신세계를 장악했다. 또한 기독교 교리는 생뚱맞게도 우주의 모든 현상과 원리에 관한 물리적 질서를 평정했다. 비록 오류를 스스로 증명하고 있다 할지라도 신은 그 누구도 대적할 수 없는 존재이며 진리의 원천이어야만 했다. 정치와 사회, 문화에 이르기까지 종교의 세력권이 미치지 않는 곳이 없었으며 교리에 따라 복종하는 것만큼 미덕은 없다고 여겼다.

그러다 어느 날 갑자기 르네상스라는 새로운 사조가 불쑥 등장했다. 아주 우연한 계기에 의해서 인류 역사상 가장 큰 변곡점이 시작됐다. 믿을 수 없게도 그것은 바로 기독교 덕분이었다. 성화를 그리는 과정에서 순수한 인간의 모습을 바라보기 시작했다. 인간의 본성을 찾기 시작했다. 르네상스 시기에 힘입은 세력들이 나타나기 시작했다. 이 신흥 세력들은 자본을 기반으로 경제와 정치를 장악하기 시작했다. 자연에 관한 탐구와 객관적 지식들을 선호하는 무리 중에는 과학이라는 견고한 학문으로 무장한 사람들이 있었다. 이들은 "태초에 하나님이 천지를 창조하시니라."라고 설파했던 종교에 정면으로 맞섰으며 그 과정에서 수많은 사람이 희생되고 핍박을 받기도 했다. 하지만 허구가 아닌 진리라는 실체적 세계의 탐구는 지식에 목말라했던 당대 지식인들에게는 확고하고 거대한 진실로 받아들여졌고 점점 설 자리를 잃어 가는 허구는 더욱 강한 핍박으로 대응했다.

15세기 폴란드의 가톨릭 사제 코페르니쿠스[37]가 태양 주위로 지구가 돈다는 천체 운동의 진실을 알리는 것은 자신의 목숨을 담보로 해야 하는 일이었고 사제의 신분도 진실을 알리지 못한 원인이었다. 너무 두려운 세상이었다. 그래서 죽음이 임박하자 비로소 천체의 진

---

[37] 코페르니쿠스(1473~1543), 폴란드의 천문학자이자 가톨릭 사제. 『천체의 회전에 관하여』를 저술하여 당시 주류였던 지구 중심설(천동설)을 뒤집는 태양 중심설(지동설)을 주장했다. 이는 과학 역사상 가장 중요한 재발견으로 여겨진다.

실을 알렸다고 한다. 조르다노 브르노[38]는 칼뱅파 도미니코회 수사의 신분이었지만 그 역시 신의 창조론을 부정하고 새로운 우주관을 주장하다 화형을 당했다. 갈릴레오 갈릴레이[39]는 직접 만든 망원경으로 목성의 주기를 관찰하다 지구가 태양 주위로 회전한다는 사실을 알아냈지만, 이를 인정하지 않는 교황청과 맞서다가 말년에는 평생 가택 연금을 당해야만 했다.

이들의 과학적 신념은 기독교의 교리가 뒤엎을 수 있는 일이 아니라는 것을 보여 주었다. 자연의 진리에 관한 것은 죽음으로 맞바꿀 수 있는 것이 아님을 알았고 핍박을 통해서 자신의 주장을 바꾼다고 하여 천체의 운동이 다시 재편되지 않는다는 것도 알았다.

과학이 사용한 증명 수단은 직접 행성을 관찰한 자료를 근거로 삼거나 2천 년 전 그리스 학자들이 발견한 천체의 원리를 이용했다. 이 방법들은 사람들을 이해시키고 설득하는 데는 아주 효과적이었다. 하지만 기독교 교리 앞에서는 숨을 죽여야만 했다. 움베르토 에코의 소설 『장미의 이름』의 내용을 보면, 14세기 교황청이 로마에서 프랑스 남부의 보클뤼즈 데파르트망의 아비뇽으로 유수한 때가 있었다. 이곳 지하 장서관에는 숨겨 놓은 비밀문서가 있었다. 이 문서 중에는 고대 그리스 시대 아리스토텔레스 철학에 관한 것들도 포함되

---

[38] 조르다노 부르노(1548~1600), 이탈리아의 도미니코회 수사, 철학자, 수학자, 시인, 우주론자다. 그는 죽음 앞에서도 스스로가 가진 우주론적 신념을 지키고 기존 기독교에 대한 비판을 행하다가 화형을 당한 지식의 순교자로 평가받고 있으며, 현재 그는 근대 합리론의 시원적 개념을 제공한 인물 중 하나로 인정되고 있다.

[39] 갈릴레오 갈릴레이(1564~1642), 이탈리아의 철학자, 물리학자, 천문학자. 망원경을 개량하고 이것을 천체 관측에 응용하여 니콜라우스 코페르니쿠스의 지동설이 정당함을 입증하였다. 지동설 증명 등으로 '인류 역사에 지대한 영향을 끼친 과학자'로 평가된다.

어 있었는데 이 문서가 세상 밖으로 나오게 되면 기독교 세계관에 막대한 혼란을 초래할 것이 두려워 비밀 서고에 숨겨 놓았다는 이야기가 나온다.

> "아리스토텔레스 철학은 인간의 이성, 논리, 지적 탐구의 상징이었다. 윌리엄 오브 베스커빌은 이성과 경험, 논리적 추론을 중시하는 인물로 등장한다. 그는 아리스토텔레스의 사상과 깊이 연결되어 있다. 하지만, 도서관장 호르헤는 아리스토텔레스의『희극론』이 신앙과 권위를 해칠 수 있다고 생각하여, 그 책을 숨기고 파괴하려 한다. 이는 중세 교회가 아리스토텔레스 철학을 일부는 받아들이면서도(몬테 카시노 수도원 소속의 토머스 아퀴나스는 신학에 아리스토텔레스 철학을 접목한 스콜라 철학을 탄생시켰다), 신학적 권위에 위협이 된다고 여기는 부분은 통제하려 했던 역사적 사실을 반영한다."
> - 움베르토 에코,『장미의 이름』의 줄거리 중에서.

토마스 아퀴나스가 아리스토텔레스의 철학을 신학에 접목하여 새로운 교리를 창조해 냈지만 그렇다고 아리스토텔레스의 모든 철학이 허용된 것은 아니었다. 수학적 방법을 통해 우주 운동을 관찰하거나 규명하는 행위도 마찬가지였다. 하지만 천체의 운동이 신의 명령이 아니라 우주의 법칙들에 의해 운동하고 있다는 사실을 수학적으로 증명하려는 부단한 노력은 계속됐고 그렇게 해서 밝혀진 우주의 진실은 놀라울 정도의 파급력으로 전파되었다. 그 이유는 수학은 숫자를 이용한 가장 정제된 학문이었기 때문이다. 그리고 수학은 오직 이성의 경로로 접근하고 이성의 경로를 통해서 설명하고 이해하는 방법만을 고수한다는 특성이 있기 때문이다.

따라서 기본적으로 이성을 통해 사물을 판단하는 걸 좋아하는 사람들은 수학적 증명을 앞세워 신, 종교적 규칙, 하다못해 이단에 대한 정의들도 모두 거짓임을 밝힐 수 있었으며 그들의 의식을 수정하는 데 부족함이 없었다. 그런 이유로 가톨릭 세계에서는 이들이 두려웠다.

우주의 진실에 관한 증명들과 기록들이 과학혁명을 불러왔다. 튀코 브라헤[40], 요하네스 케플러[41] 같은 천문학자는 지구 밖 태양과 화성, 목성, 토성 등의 천체 운동을 관찰하며 천체 운동의 규칙을 알아냈고 이 규칙을 과학이라는 도구를 이용해 사람들을 설득해 나갔다.

---

40) 튀코 브라헤(1546~1601), 덴마크의 천문학자이다. 로스토크대학에서 공부했다.
41) 요하네스 케플러(1571~1630), 신성로마제국 수학자, 천문학자, 점성술사다. 튀빙겐대학을 졸업했다.

예나 지금이나 분쟁의 씨앗, 유민

✳

한국전쟁 당시에 중국은, 불과 5년 전 미국이 일본에 본보기로 보여 준 두 방의 원자폭탄의 위력을 알고 있었다. 하지만 북한군을 도와야 한다는 생각에 해괴하기 짝이 없는 전투 형태인 인해전술로 미군과 연합군을 후퇴시켰다. 중국은 인해전술이라는 과거의 성공 사례를 기억하고 있는지 아직도 이 전략을 선호하고 있다. 중국이 소수 민족의 영토에서 자신들의 이익을 취하고자 할 때는 그곳에 여지 없이 한족을 투입하는 전략과 전술을 구사한다.

이 답 없는 전술에 침해당한 원주민들의 자주권은 몰락하는 반면에, 유민은 번성의 시대를 맞는다. 잉글랜드 내전과 종교 탄압을 피해 메이플라워호에 몸을 싣고 매사추세츠 연안에 침범한 이민족 후손을 향해 호소하는 원주민의 목소리가 약해졌듯이 시간은 최초의 목소리를 푸석거리는 땅처럼 응집력을 잃게 만든다. 게다가 원주민 자신들의 독립이 가져올 이익과 변방이라도 남아 있어서 얻을 수 있는 이득 사이를 저울질했을 때 독립했을 때의 이익이 더 나으리라는 보장이 불분명하다는 사실에서 원주민들은 대체로 쇠락한 부족의 명운보다 자신에게 돌아올 이익에 반응한다. 따라서 나라의 이름이 바뀌는 불운보다도 자신의 재산을 잃게 만든 현실이 혁명의 도화선에 불을 붙인다.

오늘날 세계가 우크라이나 사태로 골치 아픈 이유도 여기에 있다. 이 지역의 문제를 역사적으로 보면, 소비에트 연방 시절 국가 가치관의 차이가 서로 다른 사람들이 연방이라는 하나의 큰 울타리로 연대하면서 민족이라든가 역사의식은 획일화되었고 여기에 개인적인 삶도 자연히 통제되었다. 우크라이나 지역에 사는 주민들이 과거 루스족의 혈통이든 슬라브족 혈통이든 또는 벨라루스나 폴란드, 헝가리인이든 상관없이 자신들이 어느 족장의 계보를 따를지를 중요하게 여기지 않았고 다만 이 연방의 연대 의식 속에 뒤엉켜 있었다. 또 일부 민족은 느닷없이 강제 이주를 당하여 여기에 흡수되어야만 했다. 그러다가 1991년, 소비에트 연방이 해체되면서 이들이 민족적 정체성을 찾기 시작했다. 하지만 자신들이 살던 터전에서 전통적으로 소유해 왔던 권리와 현실에서의 권리가 맞붙기 시작했다. 그러나 전통적인 소유권과 공정한 영토 분할은 혈통이 뒤섞여 버린 탓에 모호해져 버렸고, 결국 이들은 분쟁을 통해 해결할 수밖에 없게 되었다. 다시 말해 두 민족이 하나로 뭉쳐 살다가 다시금 각자의 민족으로 환원되는 과정에서 영토 소유자가 누구이어야 하는지가 분쟁의 핵심이 되었다. 그래서 이들은 서로가 총부리를 겨누고 싸우고 있지만 얼마 전까지만 해도 그렇게 살갑지는 않았어도 서로 이웃이었던 것만은 틀림없다.

두 나라 간의 전쟁이 해결점을 찾지 못한 이유가 또 있다. 서로 다른 문화가 한 솥에 비빔밥으로 버무려져 있듯이 문화적 가치관들이 뒤범벅되어 있었고 그로 인해서 각자 민족적 가치관도 뒤범벅되어 버렸다는 데 있다. 모호해진 자신들 정체성과 민족이라는 경계선을 분명히 하려고 시도했지만, 그 과정에서 갈등은 더욱 번져 갔다. 결국 이 매듭을 러시아-우크라이나 전쟁을 통해 풀어내려 하는 것이며 가장 극단적인 선택을 두 나라가 결행하고 있다. 특히 러시아는 우크라이나의 나토 가입 의지에 심한 배신감과 위기감을 느꼈다. 우크라이나를 둘러싼 나라들의 상황과 지리적인 특성을 살펴보면 전쟁의 본질에 대해서 좀 더 알 수 있다.

> "… 친러시아 진영에는 카자흐스탄, 키르기스스탄, 타지키스탄, 벨라루스, 그리고 아르메니아를 넣을 수 있다. 이들 나라의 경제는 동우크라이나처럼 러시아와 상당 부분 맺어져 있다. … 러시아는 우크라이나의 나토 가입을 일종의 레드 라인을 넘는 행위로 본다. … 2014년 4월 우크라이나의 자치공화국이던 크림반도를 러시아의 합병을 결정하는 주민 투표에서 90퍼센트 이상이 찬성을 함에 따라 러시아의 합병을 결정했다. 또한 러시아에게는 무엇보다 크림반도에 있는 세바스토폴항을 손에 넣는 것이 절실했다." - 팀 마샬, 『지리의 힘』 중에서.

러시아는 부동항을 가져야 했고 흑해의 크림반도가 그중에 한 곳이었다. 러시아는 표트르 대제가 통치하던 때부터 끊임없이 우크라이나를 공략했고 크림반도를 러시아계 주민으로 채웠다.

소비에트 연방 시절에는 동유럽 공산국가의 위상보다 소련이라는 커다란 공동체가 우선시되었고 그 안에서 나라의 경계선은 중요하지 않았다. 다시 말해 소련이라는 공동체 안에서 "이곳은 내 조국이고, 저곳은 너의 나라다."라는 국가적 소유권과 정체성은 큰 의미가 없었다. 흐루쇼프가 공산당 서기장으로 집권하던 당시에 소련 지도에서 임의대로 그어진 우크라이나 국경에 크림반도를 포함한 것이 화근이 되었다. 푸틴은 200년 동안 크림반도의 세바스토폴을 지배했다는 역사적 사실을 근거로 우크라이나로부터 영토 반환을 주장하며 지금도 전쟁을 멈추지 않고 있다.

이들이 자신들의 계보를 따라서 먼 옛날로 거슬러 올라가다 보면 조상 어디쯤인가에서 서로의 혈통을 공유하고 있다고 해도[6세기 이후 훈족의 침략 등으로 인해 슬라브족은 동유럽, 중앙유럽, 발칸반도 등으로 대규모 이동을 하며, 동슬라브족(러시아, 우크라이나, 벨라루스), 서슬라브족(폴란드, 체코, 슬로바키아), 남슬라브족(보스니아, 크로아티아, 세르비아, 불가리아 등)으로 분화되었다] 그러기에는 지금까지 많은 시간이 흘러 버렸기에 서로 남과 다를 바 없는 먼 친척에 불과하다는 것과 각자 형성해 온 재산이나 영토 침해 행위는 용납할 수 있는 것이 아니라는 강한 의사 표현을 전쟁이라는 수단을 통해 강행하고 있다. 그리고 러시아-우크라이나 전쟁을 일으킨 장본인인 러시아의 노림수는 이참에 군사력으로 보나 경제력으로 보나 세계 2위를 자랑하는 중국과의 친밀도를 더욱 높이려는 것으로도 보인다.

앞으로 다른 국가에도 인구 감소 문제와 이방인의 민족 이동이라는 양단의 문제가 사회 문제로 쟁점화될 여지가 충분히 있다. 중국과 티베트, 신장 지구, 내몽골과의 분쟁, 러시아와 우크라이나 전쟁 등 이와 같은 분쟁이 민족들 간 영토 경계선이 불확실해서가 아니라 민족들의 혼재로 비롯된 사태라는 점이다.

인구 감소 문제 해결을 위해 대책 없이 이방인 이동을 이용하는 것은 자칫 러시아-우크라이나 전쟁처럼 갈등의 원인을 두 나라 사이의 원한에 두지 않고 삼투압처럼 흡수된 인구 밀도에 둘 수 있는 것이다. 라트비아, 에스토니아에 러시아계 주민이 4분의 1 이상 차지하고 있고, 리투아니아에도 6% 가까이 거주하고 있다. 이런 이유로 하여 러시아가 그 지역에 민족 간 어떤 불화가 일어나면 우크라이나에

행한 것처럼 정치적·군사적 행사를 하지 않으리라는 법이 없다. 하지만 다행히 이 세 나라는 마치 약속이라도 한 것처럼 2004년 3월 29일 동시에 북대서양조약기구(NATO)에 가입했다. NATO 회원국들은 러시아와 러시아 동맹국이 전쟁이라도 일으키는 날엔 유럽과 미국을 상대로 전쟁을 벌여야 하는 부담을 안게 된다는 점을 공식화함으로써 이것이 전쟁이나 침략의 강력한 억제 수단이라는 사실을 확인시키고 있다.

본디 인구에 관한 문제를 인간의 의지로 해결하려는 것은 우리가 미처 파악하지 못한 문제들을 만들어 낼 수가 있다. 자연계의 법칙 속에는 진화의 법칙이 담겨 있다. 진화는 인간의 의지로 조정되는 것이 아니다. 진화는 우리가 알지 못하는 정보에 의해서 알고리즘이 구성되어 있으므로 오히려 인간의 의지를 쏙 뺀 상태로 내버려두는 것이 효과적일 수 있다. 지금까지 인구 구성의 불균형 문제와 인구 감소의 문제들은 인간 의지가 개입하면서 발생한 문제들이었다. 인구 감소든 인구 증가든 이런 현상은 진화 과정에서 자연스러운 것이며 오히려 여기에 인간의 의지가 개입하면 인간의 삶의 질과 수명에 영향을 미치게 할 수도 있다. 생태계에서 종족 간의 수는 진화라는 거대한 시스템을 통해 자동으로 결정되어 왔다. 한정된 지구 공간에서 어느 한쪽의 종이 증가하면 반드시 어느 한쪽의 종은 감소하게 마련이다. 그것이 자연적이든지 아니면 그러하지 않든지 공간의 제약은 수의 불균형으로 이어지게 되어 있다. 다시 말해 진화의 기본 규칙은 생태계 균형을 우선하게 되어 있다.

법의 그늘, 외면받는 자연법칙

✳

　지구상의 모든 생명체는 자연의 온전한 규율 아래에서 속박당하지 않은 채 자유롭게 살아가길 원한다. 하지만 사람은 법과 제도를 만들었다.

　기원전 21세기경 수메르의 남무(Nammu)왕이 만든 점토판 법전(Code of Ur-Nammu)이 인류 최초의 성문법으로 남아 있다. 이 법전은 사람의 악덕과 폭력, 굶주림을 근절하였고, "고아는 부유한 이에게 보내지 않는다." "과부는 힘센 이에게 보내지 않는다." "1세켈[42]의 사람은 1미나의 사람에게 보내지 않는다. 즉, 가난한 사람을 부자에게 보내지 않는다는 뜻이다." 등의 기본 원칙 57개 항을 수립했다. 대부분 억울함을 당하거나 상거래에서 불합리를 직관적으로 해결하려 했던 인류 최초의 성문법이었다. 기원전 1750년에 (구)바빌로니아의 함무라비는 이른바 '눈에는 눈, 이에는 이'라는 당한 만큼 갚아 준다는 보복법을 만들었다. 인류 최초의 법 체제들은 이처럼 단순했다. 정치인들은 당한 사람의 고통 강도가 가해한 사람이 받아야 할 고통 강도보다도 작다면 그 처벌은 자신의 억울함을 해소하지 못하게 되어 결국 이런 감정은 사회적 불만으로 작용하게 된다는 것을 잘 알고 있었다. 따라서 국가법은 억울한 자를 위해서 존재해야 했

---

[42] 당시 수메르 화폐 가치이며 60진법에 따른 무게 단위기도 하다. 은 1세켈은 오늘날 미터법으로 8.3그램이다. 따라서 은 1미필자는 498세켈에 해당한다. 그 당시 노동자 한 사람 한 달 치 임금이 은 1세켈이었다.

고 국가 질서를 평정하고 백성들의 안정을 꾀하기 위해서 가해한 사람에 대한 처벌과 당한 사람의 억울함이 상호 비교급에서 형평성이 맞아야 했다.

그로부터 1,000년이 지나서 법은 정치 체제에 대해서 관심을 갖기 시작했다. 기원전 594년 아테네에서는 솔론(기원전 638년경~기원전 558년경)이라는 현인이 과두정치를 철폐하고 민중을 노예 상태로부터 해방한 민주주의 정치 체제를 도입했다. 이보다 앞서 기원전 621년 드라콘에 의해서 만들어진 성문법이 있었다. 이 법은 그야말로 보복법에 근거해서 만들어진 것이었다. 그런데 이 법은 같은 범죄를 범한 사람이 아레오파고스에 서면 피고인이 면책권이 부여된 귀족인가 아니면 면척권이 없는 평민인가를 먼저 살폈고 면책권이 없는 평민에 대해서는 너무 가혹할 정도로 판결했다. 귀족이냐 아니냐에 따라서 또는 재산이 있냐 없냐에 따라서 편파적으로 처벌하는 법률의 내용도 담고 있었다. 이로 인해서 평민들의 원성이 자자해지자 솔론은 드라콘 법의 문제점을 보완해 개정하였다.

아테네와 이웃한 스파르타에서 기원전 7세기 리쿠르고스(기원전 800년경~703년경)라는 인물은 드라콘 법처럼 성문화한 것은 아니었지만 사회 개혁을 위한 제도를 독자적으로 만들었다. 그가 바라본 정의로운 사회는 힘이 있는 사회, 즉 강력한 군사력을 가진 국가였던 것이다. 스파르타를 강건한 국가로 만들고 싶었다. 그래서 그가 주도한 개혁은 시민의 평등, 군사적 적합성, 엄격성을 지향했다. 이 제도들은 모두 당시 정치적, 사회적 상황이 반영되었으며 사람의 생명과 재산, 사회 질서를 유지하는 데 초점이 맞춰져 있었다. '인간은 사회적 동물'이라는 아리스토텔레스의 말은 바로 그 당시 만들어진 이런 법률에 기반한 인간에 관한 정의였다.

우리나라 조선 시대에도 세조 때부터 만들기 시작하여 성종 때 완성한 『경국대전』이 있다. 이 법전은 정치, 경제, 사회, 문화, 군사 등을 다루고 있다. 특히 '육전 체제'를 강화하고 했다. 이 체제는 조선의 중앙과 지방 행정 조직이 효율적으로 운영되고 통치 구조를 명확히 하여 법률 체계를 체계화하는 데 있었다. 19세기 초 프랑스에서는 사유 재산과 관련한 법전을 구체적으로 체계화한 인물이 나타난다. 그는 유럽을 전쟁의 도가니로 몰아갔던 나폴레옹 보나파르트(1769~1821)다. 프랑스혁명 이후에 구성된 각료 중심의 총재 정부를 붕괴시키고 자신을 중심으로 권력 기반이 형성되도록 통령 체제 정부를 수립했다. 1802년 자신이 종신 통령으로 추대되면서 추진한 프로젝트가 있는데 그것이 '나폴레옹 법전' 구축 사업이었다. 나폴레옹은 자신이 만들어 낸 민법으로 근대 민법의 기초를 닦았다.

최초 법률이 억울한 사람을 보상하기 위해서 시작됐다가 고대 그리스에 와서 만든 법률은 여기에 정치 체제를 구성하는 방법론이 추가되었다.

고대 로마도 처음에는 왕정 체제를 유지했다가 고결한 여성이 왕에게 겁탈당한 사건을 계기로 왕정이 무너지고 새로운 공화정이 수립되었으며, 기원전 1세기에 막강한 군사력을 앞세워 공화정을 무너뜨리고 다시 권력을 중앙 집중화한 황제정이 수립됐다. 군인 정치의 혼란 속에서 기독교를 국교화했고 그 후로 1,000년 동안 유럽의 모든 법은 교황청의 교리에 복속되었다.

이제까지의 법률은 대부분 권력에 관한 조항들과 재판 절차에 관한 것들이었다. 중세 봉건제도가 붕괴한 이후로 법률의 조항들과 구성 내용이 많이 달라졌다. 귀족이 몰락하고 돈을 가진 신흥 세력이 등장하자 사유 재산 보호, 자신의 생명 보호, 자유로운 경제 활동 등을 보장하라는 요구가 그들의 목소리에 실려 부각이 되면서 법률은 인간이 차지할 수 있는 모든 이익에 집중되었다. 오늘날 전 세계에서 수립한 법률과 제도는 인간이 지구상에서 가장 편리하고 안정적이며 자연으로부터 뽑아 쓸 수 있는 자원의 밑바닥까지 파헤칠 수 있는 발판을 마련해 주었다. 법과 제도는 오로지 사람에게 필요한 효용성만을 고려해 왔고 자연과 자연법칙은 극도로 압축되거나 해체된 채로 인간 사회의 여러 요소와 결합하여 발전했다.

수천 년의 시간이 흐르는 동안 새로운 법과 제도를 수립 또는 개정하고, 때로는 폐기하는 과정을 거쳐 왔지만 정작 인간의 삶에 깊숙이 관여한 '자연법'에 관해서는 한 번도 이런 과정을 거친 적이 없다. 지금까지 모든 법은 사람과 사람 사이의 관계 관리를 위해서 또는 사람 자신의 생명을 보존하고 유지하기 위해서만 제공되었을 뿐이다. 우리가 유지하고 있는 오늘날의 법과 제도들은 모두 인간의 이득, 인간의 권리, 인간에게 주는 피해의 관점에서만 해결법을 제시하고 있을 뿐이며 조금이라도 인간 자신이 불안정한 상황에 맞닥뜨리거나 위기를 맞이하게 되면 방향은 여지없이 자연을 파괴하고 자연으로부터 악착같이 보상받을 방법을 찾기에 급급하다. 즉, 그동안 법이 필요했던 이유는 오직 인간의 생명과 재산, 그리고 자유를 보장받기 위해서였다.

새로운 국면 시대

✹

　2017년 우리를 경악하게 했던 세기의 대결이 있었다. 바둑 천재 기사 이세돌과 구글의 딥마인드 AI 알파고와 바둑 대결은 전 세계 사람들에게 큰 충격을 안겨 줬다. 5번 싸움에서 4번을 알파고가 이긴 것이다. 사실 이 대결에서 사람들은 "이 대결에서 승자는 과연 누가 될 것인가?"가 초미의 관심사였다. 이 대결의 승자는 AI였다. AI 알파고가 이세돌을 4대 1로 이겼다. 이 사건은 세상 사람들을 놀라게 하기에 충분했다. 그런데 알파고가 이길 수 있었던 배경에서 "AI가 사람보다 하나의 최적의 결과물 제공하기 위해서 에너지를 얼마나 사용했는가?"에 관해서는 사람들은 그다지 관심이 없었다.
　이세돌이 5번의 바둑 대결에서 사용한 에너지는 약 8,000kcal였다. 하지만 알파고는 그 시간 동안 약 400,000,000kcal를 사용했다. 5만 배에 달하는 에너지를 알파고가 소비한 것이다. 이 대결에서 AI가 승리한 것은 맞다. 그러나 AI의 승률은 80%였다. AI가 사용한 에너지로 보면 성능 대비 효율은 그다지 좋은 편이 아니다. 물론 이런 판단은 경제적인 관점에서 바라본 것이다. AI는 이세돌에게 한 번 패한 경험을 학습하게 될 것이고 또다시 대결할 기회가 생긴다면 한층 높아진 확률로 AI가 이길 가능성이 커질 것이다.
　좀 더 세부적으로 어떻게 AI가 이세돌을 이길 수 있었는지 생각해 보자. 사람들은 목적지를 정하고 길을 찾아갈 때 지름길을 감각적으로 찾아낸다. 경제적으로 굳이 찾아갈 필요가 없는 길은 처음부터 아예 포기할 줄 안다. 하지만 AI는 레이어에 부여된 가중치를 하나도 빠짐없이 평가하기를 반복한다. 그중에서 가장 확률이 높은 조합을 선택하는 구조가 AI다.

그래서 어쩌면 AI는 지금도 가장 비경제적인 방법으로 해법을 찾는 방식을 고수하고 있는 것이다. 이런 무지막지한 작업은 GPU가 수행하는데 GPU는 이 작업을 하면서 엄청난 전기를 사용하게 되며 이렇게 발생한 열을 식히기 위해서 2차적으로 에너지와 유틸리티가 또 필요하게 된다. 앞서 설명한 '간접적 자원의 사용'이 이에 해당한다. 사람은 가지 않아야 할 길은 굳이 찾아가지 않는다. 하지만 AI는 똑같은 과제를 던져 주며 길을 찾으라고 지시하면 반복된 경험이라 해도 하나도 빠짐없이 모든 경유지를 거치도록 알고리즘이 짜여 있다. 예를 들어, 그리드식의 골목길에서 사람들은 목적지를 찾아갈 때 거의 무한대의 조합으로 이뤄진 길과 건물들 사이를 보통 한두 번의 생각과 자신이 경험한 기억을 토대로 포기해야 할 길을 먼저 생각한다. 그런 다음에 후보로 떠오른 길을 다시 검색해 보고 그중에서 가장 경제적으로 이득이 되는 길을 찾는데, AI는 항상 모든 경우의 수를 빠짐없이 평가하고 모든 레이어 조합에서 가장 확률이 높은 쪽을 선택하는 과정을 수없이 거친다. ChatGPT를 예로 들면, AI 기업에서 구축한 LLM의 규모가 커지고 토큰 개체들이 확대되면 프롬프트에 지시하는 지문의 답을 생성하는 에너지가 더욱 커질 수밖에 없다. 질문이 고도로 전문화되고 다양할수록, 또한 질문의 빈도가 희박한 것일수록 다시 말해 AI가 경험량이 부족한 질문일수록 에너지 소모량은 커질 수밖에 없는 알고리즘 구조로 되어 있다.

AI 시대, 이 거대하게 몰려드는 물결을 막을 수는 없지만, 2017년 바둑 대결에서 이세돌이 사용한 에너지의 5만 배를 사용하며 인간이 이룩한 것보다 80%의 승률에 해당하는 결과물을 도출한 이 기술에 모든 사람이 열광하며 달려들고 있는 것이 아이러니하다. 덕분에 세상의 GPU는 활화산보다도 뜨거운 상태로 더욱더 팽팽 돌아가고 있다.

K2-18b의 생명체, 지구와 조우하다

✷

우리는 지구의 위태로운 상황을 여러 각도의 정보 채널을 통해서 인지하고 있으면서도 특별한 대처 방법을 내놓지 못하고 있다. 이유가 뭘까? 오늘날 심각한 지구환경 문제로 인해 인류를 비롯한 모든 생태계가 위협받고 있지 않은가. 이 위협이 지구 외부의 천체로부터 공격받아 그러한 거라면 당장 지구가 멸망을 맞이해도 우리 사람은 양심을 지킬 수 있을 것이다. 하지만 지금 상태로라면 이런 양심은 한낱 허공에 떠가는 텅 빈 소리에 불과할 것이고 누군가의 조소거리가 되지나 않을지….

지구 역사 관점에서 얘기해 볼까 한다. 약 6,500만 년 전 유카탄반도에 시속 7만 킬로미터로 날아온 소행성이 떨어졌다. 이 충돌로 말미암아 사라진 트리케라톱스, 스테고사우루스, 티라노사우루스, 스테노니코사우루스는 자신들에게 불어닥친 갑작스러운 불행이 자신들의 잘못으로 기인한 것이 아니었기에 고고학이나 역사학자들은 그들로부터 멸망의 단서를 찾지 않는다.

미국의 천문학자 칼 세이건(1934~1996)의 말에 따르면, 우주에는 1,000억 개의 은하가 있고 여기에 별은 1,022(100해)개나 존재한다고 했다. 우리 은하만 하더라도 4,000억 개의 별이 있고 별 주위로 도는 행성은 1조 3,000만 개로 추산된다(오늘날 제임스 웹 망원경으로 관측한 결과 우주에는 이보다 더 많은 은하와 별이 존재할 것으로 발표됐지만 그 당시 허블 망원경을 통해 얻은 정보를 바탕으로 추산한 우주의 비밀은 지금도 여러 이론을 갈아 치우고 있다는 것을 상기해 보면 과거의 학자들이 주장한 이론이나 우주의 증거에 대한 오류를 너무 비판하는 것은 옳지 못하다고 생각한다). 우리 종족과 유사한 인류(또는 우리보다 월등한 문명을 가진 종족)가 우리 은하에 얼마나 존재하는지 계산한 적이 있다. 그것이 드레이크 방정식이다. 드레이크는 칼 세이건과 함께 천체물리학을 연구했던 SETI(Search Extra-Terrestrial Intelligence) 소속의 과학자다. 그가 고안한 방정식은 외계에 지적 생명체가 존재하기 위해서는 몇 가지 주요 계수들을 포함해야만 한다고 했다. 이 방정식은 '지구가 존재하고 있다'는 확실한 증거를 기반으로 '천문학적 계수', '생물학적 계수', '사회학적 계수'에 확률을 대입해 복잡하게 전개된 식이다.

　드레이크 방정식을 토대로 칼 세이건이 주장한 바로는, "위의 식(드레이크 방정식을 말함)으로 계산했을 때 어느 특정 시점에서 볼 때, 고도의 기술을 자랑하는 문명권이 우리 은하에 겨우 열 개 정도 있을 수 있다는 것이다. 여기서 열 개라는 값은 정상 상태의 개수를 의미하는 것으로, 같은 수준의 문명 열 개 정도가 은하에서 항시 공존한다는 뜻은 아니다. 은하 어디에선가 문명권 하나가 자멸하면, 은하의 또 다른 곳에서 새로운 문명권이 태어난다. 이렇게 함으로써 우리 은하에 총 열 개 정도의 문명권이 항시 있을 수 있다는 의미다." 라고 말하며 또한 "… 기술 문명들 중에서 약 1퍼센트만이라도 기술 문명의 불안정한 사춘기를 잘 통과한다면 그래서 이 중차대한 역사의 분기점에서 올바른 선택을 할 수 있게 된다면 N=107의 결과를 얻게 된다. … 수백만 개에 이르는 문명사회가 은하수 은하 여기저기에 흩어져 있다면 문명사회들 사이의 평균 거리는 대략 200광년이 된다."라는 말도 덧붙였다. 칼 세이건의 주장에 따르면 200광년 내에 인류와 비슷한 종족이 생존할 수 있다는 것이다.

어찌어찌해서 약 200광년 떨어진 우주 외계 종족이 지구에 방문했다고 가정해 보자.

우리 태양계에서 124광년 떨어진 거리에 적색 왜성이 있다. 밤하늘을 올려다보면 사자자리 방향에 있는 별이다. 이 별은 왜소하고 태양의 절반 크기에 불과하다. 그래서 맨눈으로는 식별할 수 없고 천체 망원경을 이용해야 볼 수 있다. 이 별 주위에는 두 개의 행성이 공전한다. 태양에는 8개의 형제 행성이 있다. 물론 지구의 연보로 따져 2006년까지만 해도 형제가 9개가 있었지만, 마지막 행성이 왜소한 데다 좀처럼 자기 중심을 잡지 못했고 특히 자신이 거느린 위성이 힘자랑을 하면 이 행성은 끌려다니기 일쑤였다. 이를 보다 못한 태양이 형제 자리에서 그를 강등시켜 버렸다. 왜냐하면 이런 녀석은 자신을 에워싸고 있는 수많은 소행성과 닮아 있었기 때문이다. 이 행성은 명왕성이다. 이젠 소행성으로 불리게 된 존재.

사자자리에 있는 이 왜성 주위에는 K2-18이라는 행성 두 개가 공전하고 있다. 이 둘의 이름은 단순하다. 하필자는 K2-18b, 또 하필자는 K2-18c라고 부른다. 이 행성은 단출하면서도 서로가 협력할 줄 알았다. 많지 않은 형제가 있는 가정의 특징과도 유사한 측면이 있다. 이런 가정에서 자란 자식이 부모의 경제적 보호 아래에서 자랄 수 있고 부모가 자식에게 행하는 사랑의 분배량도 비교적 공평하듯이 자식들 역시 부모에 순응하고 집중하는 측면이 강할 수 있다는 점은 가끔은 우주에서도 적용된다. 지구에서 이 행성들에 대한 정확한 정보를 파악하기가 쉽지 않은 부분이 있다. 빛의 속도로 124년 동안 달려야 갈 수 있는 거리이다 보니 지구에서 수집한 정보에 오류가 있을 수 있고, 사실과 다른 해석으로 그들을 왜곡할 수 있다는 점을 잊어서는 안 된다. 더욱이 드레이크 방정식으로 바라본 우주 생명체의 존재 증명은 마치 우주 배경 복사선과 같이 우주에 실제 산재해 있는 증거물을 기반으로 확인한 것이 아니라 확률에 기반하여 산출했다는 점을 간과해서도 안 된다.

다행히 이 행성 중 하나가 골디락스 존에서 공전과 자전을 하고 있다. 그 주기가 지구와 얼추 비슷하다. 이 행성은 태양보다 우주적 역사가 길지 않다. 이 행성은 대략 24억 년 정도에 불과하지만, 태양과 거의 같은 천체물리학적 경험을 하고 있다. 은하수 내에서 일어난 물리법칙은 가문의 법칙과도 같은 것이어서 2억 5,000만 년마다 한 번씩 회전하는 것과 운동의 방향성이 같은 점은 태양과 함께 공유하는 정보다. 두 별은 마치 한 부모 밑에서 자란 형제처럼 은하수 가장자리에 자리하고 있다. 그러다 보니 은하수의 전체 에너지에서 태양이 받는 에너지와 거의 비슷한 수준으로 에너지를 수용하고 있다. 이 별은 태양보다는 약 20억 년쯤 아래 동생이지만 왜소하다 보니 행성들이 아메바처럼 자신의 몸을 나누듯이 떨어져 나간 것이 아니라 행성 스스로가 주변의 물질을 중력으로 흡수하고 일부는 별이 내뿜은 물질을 흡수하여 지금은 지구보다 살집이 좀 크다.

두 형제 행성 중에서 K2-18b가 지구와 비슷한 측면이 있다. 표면은 푸른색을 띠고 생명의 기본 요소인 물이 존재한다. 그러나 두 행성이 감싸고 도는 적색 왜성은 태양보다 부피가 작다. 그러다 보니 별에서 분출하는 에너지가 과하지 않아서 생명이 살아가기에 적절했다. 그래서 지구보다 100만 년쯤 먼저 생명이 시작되었다. 이들 역시도 수프 상태로 시작된 원시 생명체가 조상이었다. 지구보다 먼저 시작한 진화의 역사는 수많은 종을 탄생시켰다. 하지만 그들도 7번이나 되는 멸종을 경험해야 했다. 맨 마지막에 탄생하여 진화한 종이 우리 사람과 흡사했고 이들에게 있었던 멸종의 역사는 지구보다 2번이나 더 많았지만 그들은 생존했다. 하지만 이들에게 닥쳤던 멸종은 모두 주변에 있는 천체들과 자신들이 살아가고 있는 행성에서의 물리적 변화들로 인한 것이었다. 그들은 다행히 멸종의 위협 속에서 견뎌 냈고 대부분 생물은 살아남아서 진화를 거듭했다.

K2-18b 행성은 지구의 환경과 별 차이가 없었다. 공전과 자전 주기도 비슷하여 그들이 체감하는 시간적 감각이나 의식도 우리와 크게 다르지 않았다. 조상 대대로 이어 온 유인원의 피가 자신의 피와 같다는 것을 자랑스럽게 생각하고 있었다. 그들은 우주의 진실을 왜곡하거나 자신들의 의식을 휘어잡게 만든 가상의 초월적 존재를 내세운 적이 없다. 일찍이 사실과 허구를 구분할 줄 아는 능력이 탁월하여 이들이 소통하고 거래하는 곳에서는 객관화된 증거들로 넘쳐났다. 말 따로 행동 따로는 있을 수 없을뿐더러 소통할 때 객관화된 증거물 없이는 소통이나 거래 자체가 아예 형성되지 않았다. 인간은 문학과 예술의 힘을 빌려 가상 세계를 만들기도 하고 상상력을 동원

하여 허구를 창조하기도 하지만, 이들은 사실과 진실의 조합 속에서 그것들을 충분히 찾아낼 수 있었다. 간혹 인간의 상상력이 흉기가 되어 부메랑처럼 돌아오곤 하는데 이들은 애초부터 흉기가 될 상상력을 떠올릴 엄두조차 하지 않는다. 공동체를 위한 체제가 곧 자신을 위한 일임을 굳게 믿고 있지만 그렇다고 전체주의라든가 독재 따위의 권력이 설 자리는 없었다. 이들의 의식이 이렇게 발전한 데는 처음 사회라는 집단을 이들이 구성할 때 한 현인을 깊이 연모한 데서 그 단서를 찾을 수 있다. 그 현인을 일컬어 '찡쟈크뢰슈'라 부른다. '찡쟈크뢰슈'는 그들의 언어로 된 소리 문자다. 그들도 우리와 마찬가지로 공기를 매개질로 하여 소리를 내었고 그 소리가 서로에게 소통되는 도구로 작용하고 있었다. '찡쟈크뢰슈'가 그들의 언어로 이렇게 말했다고 한다.

"~~⌒6~~⌒6~2ㄸ೫."

이 말을 지구의 언어로 통역하면 이런 말이라고 한다.

"이 행성의 모든 땅에는 특정된 주인이란 있을 수 없다. 누군가 땅에다 금을 그어 자신의 것이라고 주장하거나, 나무에 열린 과실과 땅에서 자란 곡식 그리고 온갖 식물들, 땅에서 뛰고 하늘을 날아다니는 사냥감조차도 자신 것이라며 주장하는 자가 있다면 그런 자는 우리와 함께하지 않을 것이다. 그리고 그들끼리 함께하지 못하도록 격리할 것이며 이 땅에서도 완전히 격리할 것이다."

이 수칙은 수만 년 동안 지켜 왔고 이 선언은 그들에게 갈등 자체가 생기지 않게 하는 원천이 되었다. 그들의 과학 기술은 지구의 수준을 훨씬 뛰어넘었다. 그들은 빛의 본질을 정확히 파악하고 있었고 이용할 줄도 알았다. 그들의 과학적 성과는 우리의 상상을 뛰어넘었다. 지구에서 통용되는 과학은 광속의 한계를 극복할 수 없다는 절대 원칙이 유효했으나 이는 지구의 과학일 뿐이었다. 무려 124광년(약 $1.17 \times 1,015$km)이나 떨어진 거리는 지구의 과학으로 볼 때 보이저 탐사선의 비행 속도(약 60,000km/h)로 추산한다 해도 직선거리로 족히 5백만 년이 소요될 것이라는 계산들이 그들에게는 깡그리 무시될 만한 과학적 성과들을 그들은 이루어 냈고, 사물을 빛과 동일체로 하여 운반하는 기술을 실용화하는 것도 이미 오래전에 성공했다.

그들은 그야말로 눈 깜짝할 새에 이곳에 도착했다. 하지만 지구는 5백만 년이 흐른 뒤였다. 지구에서 보낸 탐사선에는 골든 디스크가 실려 있었다. 골든 디스크에는 우리의 희망을 담아 보낸 정보들이 가득 차 있었지만, 그 가운데 슬픈 소리도 그들의 귀에 감지되었다. 5백만 년이란 시간이 흘렀지만 이들은 우리가 생존해 있기를 바랐다. 이들은 일찍이 객관화된 증거를 기반으로 소통이 발달했기 때문에 항성계 간 우호 협약을 맺기 위한 서류도 미리 준비해 가지고 온 것이다. 이들은 충분히 지구에 대한 호의와 애정으로 가득 찬 모습으로 흥분해 있었다. 이들의 모습은 1492년 콜럼버스 일행이 신항로를 개척할 당시 정복욕으로 점철된 그것과는 사뭇 다른 모습이었다. 그런데 이상하고 신기한 일이 벌어졌다. 지구라는 곳에 도착해 보니 아쉽게도 골든 디스크에 고급 정보를 담아 보낸 당사자들이 어디에 있는지 알 수 없었고 만날 수도 없었다.

　지구에는 아무도 살지 않았다. 결국 이 사실을 확인한 탐험가들은 망연자실했다. 그래도 어딘가에 생존해 있으리라 기대하면서 자신들의 과학적인 추론과 탐구를 통해서 골든 디스크의 주인을 찾기 시작했다. 고도로 발달한 과학과 기술을 보유한 문명에서는 이 정도 수수께끼는 일도 아니었다. 이윽고 연구한 지 얼마 지나지 않아서 이들은 뜻밖의 단서를 찾아냈다. 이들이 우리를 만나기 위해서는 시간을 5백만 년 전으로 거슬러 가야만 했다. 하지만 막상 조사해 보니 인간의 화석을 발견할 수 없었다. 이들의 고고학적 기술은 인간이 보유한 기술과 크게 다르지 않았다. 연구를 위해서는 일단 화석을 찾는 일이 중요했다. 그런데 인간 화석은 온데간데없고 주변에 이상한 것들만 즐비했다. 특히 동물 뼈가 많았는데 가장 많은 것이 닭 뼈였다. 다음으로 소와 돼지 뼈이고 양 뼈의 순으로 발견되었다. 그런데 특이하게도 모스크라는 특이한 건물이 세워진 곳에서는 돼지 뼈를 발견할 수 없었다. 더욱 희한한 것은 닭 뼈 주변으로는 펩시콜라와 코카콜라라고 쓰인 흔적이 있는 유리병과 페트병, 수많은 플라스틱과 '폴리~'라는 이름을 가진 합성 고분자 분진들만 잔뜩 있었다. 그러다 깊숙한 늪지로 보이는 지형에서 화석 하나가 발견되었다. 인간이다. 발에는 합성 고분자로 된 신발을 신고 있었고 철로 된 모자에 강철로 만들어진 총과 탄창으로 보이는 물건들이 화석으로 남아 있었다. 하지만 이들은 이 물건들을 어떤 용도로 사용했는지 알지 못했다. 왜냐하면 이들은 전쟁이라는 상황을 경험한 적이 없었기 때문이다.

급기야 이들은 아연실색했던 처음과 달리 얼굴에 만연의 웃음을 띠며 서로 킥킥대고 웃기 시작했다. 왜냐하면 그들이 발견한 인간 화석을 조사해 보니 특이한 단서 하나가 발견되었기 때문이다. 지구에 포유류라는 영장류가 있었고 이 화석의 주인공이 그들이었으며 탐사선을 보낸 장본이란 것도 알았다. 화석의 뇌가 자신들의 뇌와 구조상 별반 다르지 않다는 것에 처음에는 놀랐다가 그 화석에 남아 있는 정보를 더 조사하다 보니 자신들과는 달리 뇌 기능 중에서 '이타와 상실', '배려와 버림'은 동의어로 연결되어 있다는 사실을 알게 되었고 '너와 나'라는 이분법 호칭 사이에는 '적(敵)'이라는 계수가 디폴트로 채워져 있음을 알게 되었다.

더군다나 이 상극의 대치 상황에서 지구의 정치 도구가 사람들 사이의 골을 더욱 깊게 만들었는데 이런 부분이 자신들의 세계와 너무나 달라서 놀랐다. 이들에게 정치적 두 진영이라는 것은 '실증 기반의 거래 상황'에 지나지 않았다. 실증들은 거의 '자연법칙'으로부터 수집되었고 일부는 진화의 이탈로 인해서 나타난 현상이었기에 특별법으로 관리되고 있었다. 배타적 관계가 애당초 성립할 수 없는 사회 구조 체계에 익숙해 있는 이들에게는 인간이 남긴 흔적이 당연히 웃음을 자아내기에 충분했다. 이들의 시각에서는 연구 자체가 불가능한 단서였기 때문에 매우 당혹스러운 부분이기도 했다. 게다가 이들이 지구상에서 드라마틱하게 종적을 감추게 된 것도 그 단서에 있다는 걸 알았을 때는 연구의 실마리를 어떻게 풀어야 할지를 도저히 알 수 없었다. 그래서 처음에는 자신들 못지않게 우수했던 종으로 여긴 것은 사실이었는데 약 30만 년 동안 지구에서 영위하다가 특별한 이유도 없이 갑자기 종적을 감추게 된 사실을 알게 된 이후에 아연실색했다. 그리고 아무리 연구해도 자신들과는 전혀 상관없는 일이고 그럴 경우의 수도 일어날 수 없다고 생각한 끝에 더는 이 부분의 연구를 지속하지 않았다.

지구라는 평온하고 아름답고 푸른 별은 축복으로 가득 차 있었다. 지구에 공존했던 생물들의 다양하고도 아름다운 모습은 이들의 입을 떡 벌어지게 할 정도로 놀라움을 자아내기에 충분했다. 하지만 인간을 사라지게 한 지구상의 인자들을 자세히 조사해 보니, 마치 깔때기에 물을 붓는 것처럼 하나의 원인으로 집약된 것을 발견했다. 이 발견된 원인을 분석하기 위해서 이들의 세계에서 통하는 '자연법칙'의 방정식에 원인을 차례대로 대입해 가며 지금의 상황을 밝히려 했으나 도무지 해답을 도출해 낼 수가 없었다. 이들이 이용하는 방정식은 철저하게 자신이 사는 행성에서의 '자연법칙'을 기반으로 구축한 것이었기에 이 방정식에다 인간이 멸망하게 된 원인들을 아무리 대입하려 해도 그 가정 자체가 성립할 수 없었으며 결과치도 성립하지 않는다는 결론을 내렸다. 이들은 골든 디스크에 실린 정보와 너무나 다른 세상에 와 있었고 허무하기 짝이 없는 상황과 안타까운 심정은 하늘을 찌를 듯했다. 이들은 잠시 서로 무언가를 주고받듯이 대화를 나누고는 이곳에 미련 없단 듯이 눈 깜짝할 새에 자신이 사는 행성으로 돌아가 버렸다.